悠缘特教
各地特教系列

走进山东特教丛书◎总主编：李淑英

视障学生心理健康教育与辅导

SHIZHANG XUESHENG XINLI JIANKANG JIAOYU YU FUDAO

● 张蕾　薛梅　葛玉萍　编著

天津出版传媒集团
天津教育出版社
TIANJIN EDUCATION PRESS

图书在版编目（CIP）数据

视障学生心理健康教育与辅导 / 张蕾，薛梅，葛玉萍编著．—天津：天津教育出版社，2013.12

ISBN 978-7-5309-7500-8

Ⅰ．①视… Ⅱ．①张… ②薛… ③葛… Ⅲ．①视觉障碍—学生—心理健康—健康教育 Ⅳ．① G761 ② B844.2

中国版本图书馆 CIP 数据核字 (2013) 第 318492 号

视障学生心理健康教育与辅导

出版人	胡振泰
作　者	张　蕾　薛　梅　葛玉萍
选题策划	陈志平　蒋丰祥
责任编辑	赵建荣
装帧设计	戚克娜　陈云美
出版发行	天津出版传媒集团 天津教育出版社 天津市和平区西康路 35 号　邮政编码 300051 http://www.tjeph.com.cn
经　销	新华书店
印　刷	天津金彩美术印刷有限公司
版　次	2014 年 5 月第 1 版
印　次	2014 年 5 月第 1 次印刷
规　格	16 开（787 × 1092 毫米）
字　数	220 千字
印　张	15.125
定　价	36.00 元

总序一

特殊教育的发展和普及是衡量一个国家教育普及和教育公平程度的一个重要标志，更是衡量一个国家社会文明程度和公民素质的一把重要标尺。因此，党的十七大、十八大报告先后提出“关心特殊教育”“支持特殊教育”。今年党的十八届三中全会报告中又明确提出“推进学前教育、特殊教育、继续教育改革发展”。这些重要报告表明我国特殊教育事业的发展已引起党和国家的逐步重视，也标志着我国特殊教育事业的发展进入了一个新的阶段。同时，也调动了广大特殊教育工作者的积极性，一批批奋战在一线特殊教育学校的校长、教师积极投身到特殊教育的改革与实践中，探索当代本土化的中国特殊教育发展之路。

“走进山东特教”这套丛书就是特教工作者长期实践探索的成果之一，是齐鲁大地上一批优秀的特教人对多年教育、康复实践成果的总结。丛书既汇聚了百年老校烟台聋校多年积累的语文、数学教学实践经验，青岛盲校的视障学生心理健康教育探索历程，又总结了山东一批特殊教育名校近年在教育、康复方面的实践探索，如青岛聋校听障儿童听觉语言康复、菏泽定陶特殊教育学校的智障儿童康复教育、临沂天使国际特殊教育学校的脑瘫儿童康复、枣庄特殊教育学校幸福校园建设等。这些实践凝聚了山东一线校长、教师们的无数心血，也是奋战在我国一线特殊教育学校校长、教师的缩影。他们实践研究，再实践再研究，用自己的实际行动推动中国特殊教育事业的发展，为实现特殊教育的中国梦而努力。

本套丛书实践性强，书中所附的实践案例增强了丛书的可读性、借鉴性和启发性。每一本书的内容都很好地反映了编者们多年的实践功底和对现实需求的准确把握。他们不唯高深的理论，而是把教育康复训练方法、感悟、反思、案例等与一线教师距离最近的内容提炼、升华、呈现，总结实践经验再反哺实践，以此来提升广大一线教师的教育康复实践能力，更具有现实意义。

本套丛书既是编者职业生涯的宝贵财富，也是特殊教育的宝贵财富，一定能让广大一线教师、特殊儿童家长或相关研究人员从中受益。

王　辉

南京特殊教育职业技术学院特教与学前教育学院副院长　教授

2013 年 11 月

总序二

随着和谐社会建设进程的加快，作为儒家文化的发源地，同时也是中国第一所聋校诞生地的山东，在政策扶持及无数特教人的不懈付出与努力下，特殊教育取得了令人瞩目的成绩。

作为一个从事特殊教育师资培养工作近30年的老特教，可以说是目睹了我国特别是山东省特殊教育的发展，为特殊教育逐渐受到国家重视、社会的“残疾人观”一步步发生变化、特殊教育逐渐被社会大众理解而感到欣慰，尤其是看到更多的高学历、高素质的年轻人不断加入特殊教育师资队伍中来，更是对特殊教育的未来充满了希望。但是，面对残疾儿童类别不断增多等特教新形势，面对一线特教老师无数的困惑疑问，让人难有“万事大吉”的放松。在完成自己日常的教学科研任务之外，我偶尔也有过再做点什么的念头，但考虑到自己的能力和年龄等因素，一次次放下。直到2012年暑假的一天，在跟好朋友——北京悠缘华夏文化传播有限公司的蒋丰祥先生通电话时，他的一句调侃“年龄已经成为你偷懒的借口”让我理屈词穷；“山东特教发展取得了那么多成绩，你牵头展示一下山东特教的风采是多么有意义的一件事。”蒋总的“游说”增强了我这个老特教的光荣感和责任感——尽管我知道，凭我的能力和名气来牵头展示齐鲁大地的特教业绩，显然是难负其重，可是为山东特教的发展出一点力应该是我义不容辞的责任。就这样，2012年暑假我开始着手筹划出书这事儿。

编什么系列？从哪里着手？作为山东省唯一一所特殊教育师范院校的老师，我常年跟一线老师保持着非常好的联系，他们给予我教学与科研无数的启发与灵感，尤其在跟一线老师的密切交流及实地考察中，发现一种较为普遍的现象：一方面，许许多多的一线教师在多年的特殊教育生涯中用自己的爱心和智慧积累了大量的实践经验，特别是像烟台聋校这样的百年老校（中国第一所聋校）、青岛聋校这样的全国聋教育实验校等，他们视野开阔、经验丰富，这些经验需要整理、升华；另一方面大量的一线老师特别是年轻教师又常有面对各类残疾孩子"束手无策"的尴尬，他们需要理论指导，更需要实实在在的成功经验的借鉴。针对此现状，立足于广大一线教师，抛却过多理论上的"高瞻远瞩"，把康复教育训练方法、感悟、反思、案例等与一线教师距离最近的内容提炼、升华、呈现，成为我们相关各方的共识。因此也就有了"走进山东特教"这套丛书的编写。

本是立足于山东，但随着辽宁王喜军等外省老师的加入，也使得这套书的视野更加开阔，内容也更加丰富。

历经近两年的时间，经过各位编者的辛苦努力，这套书终于跟大家见面了。欣喜之余，更多的是要说出我的感谢：

感谢北京悠缘华夏文化传播有限公司的蒋丰祥先生、戚克娜女士及其他员工，没有他们对特教的关爱、对事业的执着与辛苦付出，也就没有一系列特教作品包括本书的出版发行。2007年因主编《特殊儿童的教育鉴别与评估》一书跟他们相识，直至成为今天的挚友，想来真是我的荣幸。悠缘，有缘！

感谢各位编者。他们当中既有烟台、青岛等地全国知名特教学校的校长，也有扎实肯干、成绩斐然的一线老师；有我多年来因特教结缘的朋友，也有我的同学、学生。当我从蒋总那里接受了"任务"，面对算得上庞大的编写计划，忐忑地跟他们沟通时，他们热切的呼应、积极的作为也成为我巨大的精神力量。作为一线老师或管理者，他们教学、管理任务繁重，但对承诺事情的执着和勤勉，使我这个近几年正慢慢把年龄当资本的闲散惯了的人受益匪浅；他们的谦虚和善解人意，使得我们无数次的沟通都顺畅无比。一起合作的过程，也是我跟他们学习的过程。每当打开电脑看到他们半夜从邮箱发来的材料，常生感动。

营口的王喜军老师更是把QQ个性签名改为：自从参与编书，就爱上了熬夜。有的老师为了把照片弄好，费尽心思，精益求精。在佩服他们、感谢他们的同时，也为我们的特殊教育有这样一些拼命三郎而甚感欣慰。

写到这里才发现一套学术著作的序言被我写成了充满人情味的感言，见谅！我想学术的严谨与人情味的浓郁并不矛盾，特殊教育更是如此。

本套丛书首期出版的分别是：刘本部、郑芳、刘美芸等著的《听障儿童听觉语言康复研究与实践》，徐东升主编的《聋校数学生活化教学探索》，李岩、孔玲主编的《聋校语文读与写》，张蕾、薛梅、葛玉萍编著的《视障学生心理健康教育与辅导》，孔祥英、陈承杰主编的《智障儿童康复教育概论》，陈庆莲主编的《脑瘫儿童康复训练指南》，郑建刚、刘莹、冯杰主编的《建设幸福特殊教育学校》，李淑英、王喜军、刘迪编著的《特殊儿童感觉统合训练理论与实践》等。所有编者或是经验丰富的一线骨干教师，或是专家型的校长，他们丰富的特教从业阅历及实践经验使得这套书的“实践性”特色突出，其中为数不少的实践案例分析更是增强了书的可读性与可借鉴性。可以说每一本书的内容皆是编者老师们多年实践经验的总结与反思，是这些编者老师职业生涯的宝贵财富，也是特殊教育的宝贵财富，想必定会对广大一线教师、特殊儿童家长或相关研究人员起到一定的参考或借鉴作用。

由于各位编者多来自特教一线，教学及管理任务繁重，时间有限，加之多是第一次编书，虽尽心力而为也难恐有疏漏或不足之处，还望各位读者朋友批评指正。

李淑英

潍坊学院幼教特教师范学院 副教授

2013年11月

本书序

《视障学生心理健康教育与辅导》的编撰与出版是非常适时、必要的。随着我国特殊教育的蓬勃发展,视障教育事业也在向纵深发展,急需有关视障儿童生理与心理的翔实资料和有效教学方法作指导。本书的撰写与出版正是为久旱禾苗心焦的农夫送去了些许甘霖。

国际卫生组织(WHO)对“人体健康”赋予了新的概念,那就是健康不仅仅是身体没有疾病,而且应有正常的心理活动和良好的社会适应。因为生理健康和心理健康相互制约、互为一体。教育实践告诉我们:由于视障学生视觉功能的缺损,因此获取社会信息和感知客观世界的能力都受到一定的影响,因而衍生的心理障碍比明眼学生要严重得多。所以视障学生的心理健康教育是 学校极其重要的教学任务之一。

纵观我国特殊教育事业的发展可以看出,有关视障学生心理健康专题的研究活动十分缺乏,成果不多,文章与专著更少。当前,视障学生心理健康教育理论体系尚不完整,没有切合现实的适用教材,师资水平参差不齐。许多从事视障教育的教师,特别是担任心理健康教育课程的老师,苦于缺乏经验,忙于收集资料,苦于编写教材。

本书的撰写者都是青岛从事盲校教育和教学管理十几年甚至几十年的优秀教育工作者,他们不仅有系统的理论知识,也拥有丰富的实践经验。书稿内容全面地阐述了视障学生心理健康教育的意义、目标及原则要求,深刻地解析了视障学生心理障碍的各种表现,系统地介绍了对视障学生心理健康辅导的有效方法，详细列举了对视障学生进行心理健康教育的生动课例。

我相信本书的出版会为各视障教育学校开设心理健康教育课程提供成熟可行的经验，为我国培训视障心理健康教育师资提供便捷的参考资料，也必将对我国视障教育学校进行心理健康教育向纵深发展产生积极的推动作用。

我衷心祝愿本书顺利出版！

曹正礼

原国际视障教育学会 (ICEVI) 中国区主席

2013 年 9 月

前言

联合国专家曾预言：“从现在起到21世纪中叶，没有任何一种灾难能像心理危机那样带给人们持续而深刻的痛苦。”让人们始料不及的是，这种“持续而深刻的痛苦”也会像瘟疫一样蔓延到儿童、青少年身上。在教育教学工作中，我们发现视障学生除了要背负明眼学生要背负的重压外，还要忍受因视力障碍而导致的生理及心理的痛苦，很多视障学生不同程度地存在着心理问题，如社会的认知偏差，明眼人的不理解或误解，生活、学习中的各种困难，使他们备受挫折；他们的交往圈子偏小，很难找到知心朋友诉说心事，生活中往往充满着压抑；目前按摩仍是视障者最主要的就业方式，不喜欢从事按摩的学生对未来充满着迷茫；视力障碍使他们活动范围受限，兴趣、爱好和娱乐方式也不多，生活比较单调、乏味；青春期的视障学生更是易发心理问题，空虚、偏执、早恋、生命无动力等现象屡见不鲜，他们急需要得到正确的心理护理和专业的心理帮助。

视障学生存在的心理问题，不仅影响着教育教学的质量和效果，更重要的是影响着视障学生的健康成长，也影响着他们的未来发展。如何让视障学生心里充满阳光、快乐地生活学习、健康成长？如何让视障学生能够找到生活中的快乐与幸福？如何让视障学生消除心理障碍？这些问题是视障教育学校的老师们关心、关注的问题之一，也是视障教育研究的重要课题之一。

近年来，随着我国教育观念的更新和素质教育的不断深化，各级政府和教育行政部门都开始重视学校的心理健康教育工作，各视障教育学校也通过心理辅导、心理课程等形式开展心理健康教育工作，使我国视障教育学校的心理健康教育工作从无到有、由点到面地开展起来。

我们编写《视障学生心理健康教育与辅导》一书的初衷，是想将学校开展心理健康教育与辅导的经验与同行们分享，希望能为视障教育学校的心理健康教育工作提供一些参考，希望对视障教育学校心理健康教育与辅导工作有所推动和助益，共同促进视障学生心理健康水平的提高。

在《视障学生心理健康教育与辅导》一书的编写过程中，我们借鉴了很多专家及前辈的优秀研究成果，在这里表示衷心地感谢。在本书编写过程中，北京师范大学钱志亮教授和原国际视障教育学会中国区主席曹正礼先生给我们提出了宝贵的意见和建议，青岛盲校杜本友校长给予了大力支持，我们在这里表示诚挚的感谢！

由于时间仓促，再加上我们的经验、水平所限，书中不当之处在所难免，希望各位专家和视障教育工作者提出宝贵的意见和建议。书中若有纰漏和错误之处，敬请读者指正。

编者

2013年9月

Contents 目 录

第一章 概 述

第一节 视障学生心理健康教育的重要性

《国家中长期教育改革和发展规划纲要》（以下简称《纲要》）在总体战略中明确提出：要以学生为主体，充分发挥学生的主动性，把学生健康成长作为学校一切工作的出发点和落脚点。要尊重教育规律和学生身心发展规律，关心每个学生，促进每个学生主动地、生动活泼地发展，为每个学生提供适合的教育，并且明确提出要加强心理健康教育，要重视生命教育，促进学生身心健康，提高学生综合素质。

在各省市中长期教育改革和发展纲要中，心理健康教育也都有明确的内容，并且对学生心理健康教育提出了更加明确的要求，如，《山东省中长期教育改革和发展规划纲要》明确提出要“坚持学校德育与心理健康教育有机结合，在大中小学校全面普及心理健康教育”。再如，《青岛市中长期教育改革和发展规划纲要》明确提出了到2015年实现校校有心理健康教师的具体要求。同时还提出要关心教师身心健康，健全教师心理维护机制，引导教师以人格和学识魅力教育感染学生，做学生健康成长的指导者和引路人。

《中小学心理健康教育指导纲要（2012年修订）》明确指出：“中小学心理健康教育，是提高中小学生心理素质、促进其身心健康和谐发展的教育，是进一步加强和改进中小学德育工作、全面推进素质教育的重要组成部分。”同时还指出：“在中小学开展心理健康教育，是学生身心健康成长的需要，是全面推进素质教育的必然要求。”

在《国家中长期教育改革和发展规划纲要》第十章“特殊教育”中，提出要“提高残疾学生的综合素质。要注重潜能开发和缺陷补偿，培养残疾学生积极面对人生、全面融入社会的意识和自尊、自信、自立、自强的精神”。这些素质的培养都是与残疾学生的心理健康分不开的，良好的心理素质是其他素质发展的基础，是其走向成功的基石。

与之相应的，为了督促学校落实学生心理健康教育，各级教育行政部门采取了更加有效的举措，如青岛市在《青岛市特殊教育学校办学水平发展性督导评估体系（试行）》中的三级目标中单独列出了一项“C14 心理健康教育”，提出了对学校健康教育的要求和标准：“重视残疾学生心理康复训练和心理健康以及行为矫正教育；设立心理咨询室，管理制度健全；适时开展多种形式的心理辅导与咨询。”“C38 心理咨询室设施配备要达到《山东省特殊教育教学仪器配备目录的要求》，且要对家长进行专题心理教育。”

视障中小学生正处在身心发展的重要时期，经历着青春期、叛逆期，特别是还要面临视力缺失产生的种种障碍，他们在学习、生活、自我意识、情绪调适、人际交往和升学就业等方面，会遇到各种各样的心理困扰或问题。对于视障学生来说，没有健康的心理素质，就不可能真正地融入社会生活、平等地参与社会生产生活，更谈不上立足社会、服务社会。

因此，在视障教育学校开展心理健康教育与辅导，对视障学生的心理问题予以辅导非常必要，也非常重要。这是视障学生身心健康成长的需要，也是全面推进素质教育的必然要求。

第二节　视障学生心理健康的标准

心理健康与健康是密切相关的，心理健康是健康的一个重要指标。

一、健康的概念与标准

关于健康，心理学家给过定义，世界卫生组织也下过定义，而且不同时期对健康的定义也是不同的。

首先，健康是一个相对的概念。健康是与不健康相对应的，健康与不健康的标准随着时代而有变化。

其次，健康是一个模糊的概念。没有疾病应是身体健康的一个基本条件，但是一个人没有疾病不代表他健康，可能疾病因子已经在其身体里存在多年，只是没有发现而已，或者他可能处在现在所说的亚健康状态。

第三，健康是一个涉及范围非常广泛的概念，生理的、心理的、社会的。且从不同角度看，健康的内涵和衡量标准也有所不同，如从中医的角度看，脏腑和、经络通、气血充足，这个人就健康。

世界卫生组织给健康下的定义为："健康是一种身体上、精神上和社会适应上的完好状态，而不是没有疾病及虚弱现象。"

由此可见，世界卫生组织对健康的定义，不仅指身体健康，更是指一种心理状态和社会适应能力。身体健康是心理健康的物质基础，心理健康是身体健康的精神支柱，社会适应能力取决于生理和心理的素质状况。也就是说，健康的人要有强壮的体魄和乐观向上的精神，并能与其所处的社会和环境保持协调的关系。

世界卫生组织给出的十大健康标准是：

1. 有充沛的精力，能从容不迫地担负日常生活和繁重工作，而且不感到过分紧张与疲劳。

2. 处事乐观，态度积极，乐于承担责任，事无大小，不挑剔。

3. 善于休息，睡眠好。

4. 应变能力强，能适应外界环境的各种变化。

5. 能够抵抗一般性感冒和传染病。

6. 体重适当，身体匀称，站立时，头、肩、臂位置协调。

7. 眼睛明亮，反应敏捷，眼睑不易发炎。

8. 牙齿清洁，无龋齿，不疼痛；牙龈颜色正常，无出血现象。

9. 头发有光泽，无头屑。

10. 肌肉丰满，皮肤有弹性。

二、心理健康的概念与标准

从广义上讲，心理健康是指一种高效而满意的、持续的心理状态。从狭义上讲，心理健康是指人的基本心理活动的过程与内容完整、协调一致，即认知、情感、意志、行为、人格完整和协调，能适应社会，与社会保持同步。由此可见，心理健康是一种状态，这种心理状态是稳定的、积极的。人在这种心理状态下，能做出良好的适应并充分发挥其身心潜能。

我国著名心理学教授肖汉仕认为：“心理健康是指心理的各个方面及活动过程处于一种良好或正常的状态。”心理健康的理想状态是保持性格完美、智力正常、认知正确、情感适当、意志合理、态度积极、行为恰当、适应良好的状态。

心理学家将心理健康的标准描述为以下几点：

1. 有适度的安全感，有自尊心，对自我的成就有价值感。

2. 适度地自我批评，不过分夸耀自己也不过分苛责自己。

3. 在日常生活中，具有适度的主动性，不为环境所左右。

4. 理智、现实、客观，与现实有良好的接触，能容忍生活中挫折的打击，无过度的幻想。

5. 适度地接受个人的需要，并具有满足此种需要的能力。

6. 有自知之明，了解自己的动机和目的，能对自己的能力作客观的估计。

7. 能保持人格的完整与和谐，个人的价值观能适应社会的标准，对自己的工作能集中注意力。

8. 有切合实际的生活目标。

9. 具有从经验中学习的能力，能适应环境的需要改变自己。

10. 有良好的人际关系，有爱人的能力和被爱的能力。在不违背社会标准的前提下，能保持自己的个性，既不过分阿谀，也不过分寻求社会赞许，有个人独立的意见，有判断是非的标准。

世界卫生组织制定的心理健康七项标准是：

1. 智力正常。

2. 能协调和控制情绪。

3. 具有较强的意志和品质。

4. 人际关系和谐。

5. 能动地适应并改善现实环境。

6. 保持人格的完整和健康。

7. 心理行为符合年龄特征。

三、视障学生心理健康的标准

1. 身体健康与心理健康的关系

身体和心理是紧密依存的两个方面，身体状况的变化可能带来相应的心理问题，如生理上的缺陷、疾病，特别是痼疾，往往会使人产生烦恼、焦躁、忧虑、抑郁等不良情绪，导致各种不正常的心理状态。心理状态的变化，也会引起身体的生理变化，甚至导致疾病的发生。人们患病的原因，心理因素占了很大比例。身心状态的变化，必然也会导致产生一系列社会适应方面的问题。良好的心理素质有益于增强体质，提高抗病能力。

视力缺失，必然会对视障学生的心理产生影响，同时也影响着他们的社会适应。

2. 视障学生的心理健康标准

除了与同龄明眼学生心理健康的标准一致外，视障学生的心理健康标准，还应着重考虑其生理、心理发展的实际和规律。

经由多年的教育教学实践、观察和总结，参照普通中小学生的健康标准，视障学生的心理健康可从以下几个方面进行考量：

视障小学生

① 智力发育正常，与同龄儿童基本一致。

② 能适当表达、宣泄和控制自己的喜怒哀乐等情绪，且情绪稳定，不良

情绪维持时间短。

③ 自信，有理想，乐观向上，向往美好的未来。

④ 对自己满意，且能发扬优点、克服缺点，努力使自己变得更加完善。

⑤ 有正确的自我认知，能正确认识自己的视力障碍。

⑥ 能客观认识和评价他人，与同学友好相处，有良好的人际关系。

⑦ 能感受到生活中的快乐和美好，且有自己的生活乐趣和爱好，能愉快地生活、学习。

⑧ 面对困难和挫折，能及时调整自己的思想、方法和行为以适应各种不同的社会环境，并发挥自己各方面的潜力，不因遇到挫折和失败而对生活失去信心。

视障中学生

① 智力发育正常，与同龄明眼学生基本一致。

② 思想与行为协调，言行一致。

③ 能控制自我情绪，且情绪稳定、愉快。

③ 有良好的人际关系。

④ 有良好的适应能力。

⑤ 能够正确认识和评价自我，正确认识和对待视力障碍，客观认识与评价他人。

⑥ 能积极融入社会生活，积极参与社会实践，追求美好生活，努力实现自己的人生理想。

⑦ 能直面困难和挫折，做到正确的归因，积极寻求解决问题的办法以达到解决问题的目的。

⑧ 能根据自己的实际和社会现实，正确定位自己的人生目标，充分发挥自己的潜能，满足生存和发展的需要，立足社会，服务社会。

第三节 视障学生心理健康教育的目标与内容

一、视障学生心理健康教育的目标与任务

参照陈家麟著的《学校心理健康教育——原理与操作》一书，结合视障学生心理特点，我们提出了视障学生心理健康教育的目标。视障学生心理健康教育的目标对于卓有成效地开展学校心理健康教育工作具有重要的意义。

1. 不同心理素质结构层面视障学生心理健康教育的目标

（1）不同心理结构层面视障学生心理健康教育目标

心理结构的主要成分包括：认知、情感、意志、个性等方面。因此，视障学生不同心理结构心理健康教育目标应包括如下几个方面：

① 视障学生心理健康教育的认知目标。主要包括：开发自我智能，比如提高学生的注意力、记忆力、思维能力；掌握学习策略和方法；改善学习品质等三个方面。

② 视障学生心理健康教育的情感目标。主要包括：培养学生适应社会的情感品质和增强其情感调控能力。具体有：帮助学生学会情绪识别、情绪表达、情绪平衡、情绪控制、情绪宣泄以及情感发展和培养。

③ 视障学生心理健康教育的意志目标。主要包括：提高学生承受对挫折的耐受力；培养学生良好的意志品质，包括意志的独立性、果敢性、坚毅性、自制性等。

④ 视障学生心理健康教育的个性目标。包括促进视障学生的社会适应和完善其个性品质两个方面。

（2）不同教育效应层面视障学生心理健康教育目标

视障学生不同教育效应层面心理健康教育目标可以分成以下三个层次：

① 基础目标。防治心理疾病，增进心理健康。主要包括学生心理行为问题的矫治，如适应问题、情绪问题等。

② 基本目标。优化心理素质，促进全面发展。主要包括学生心理健康的维护和优化，如注意力训练、人际关系指导、情感教育等。

③ 终极目标。开发心理潜能，达到自我实现。主要包括对学生进行判断、推理、逻辑思维、直觉思维、发散思维及创造性思维等各种能力的训练和培养。同时，还包括对学生自我激励能力的训练等，以提高学生的自主意识与能动性。

2. 视障学生心理健康教育的总目标与具体目标

根据教育部印发的《中小学心理健康教育指导纲要》总目标的要求，视障教育学校心理健康教育的总目标是：提高视力障碍学生的心理素质，补偿心理缺陷，充分开发他们的潜能，培养视力障碍学生乐观向上的心理品质，促进其健全人格的发展。

具体目标应包括：使视力障碍学生不断地正确认识自我，增强自我调控、独立生活、适应社会的能力；培养视力障碍学生健全的人格和良好的个性心理品质；对视力障碍学生的偏常心理行为和心理障碍，给予科学有效的心理咨询和辅导，使他们尽快摆脱心理困扰，调节自我，形成健康的心理素质，提高心理健康水平。

二、视障学生心理健康教育的内容

视障学生心理健康教育的主要内容是普及心理健康知识，树立心理健康意识，了解简单的心理调节方法，认识心理异常现象，初步掌握心理保健常识，重点学会学习、做事、人际交往、情绪调节以及升学就业和社会适应等方面的常识。

1. 视障学生心理健康教育的具体内容

① 学习心理指导

主要包括学习方法指导、学习动机指导、学习兴趣指导、学习能力指导、学习习惯指导、应试技能培养、考试焦虑的缓解以及指导学生科学用脑等；此外，还应该包括智力训练、观察力训练、注意力训练、记忆力训练、想象力训练、思维力训练等。

② 情绪调节

包括指导学生认识和理解基本的情绪，学会表达自己的情绪，学会掌控和调节自己的情绪，培养积极的情绪和调控消极的情绪。

③ 性格教育

性格是人对客观现实的稳固态度以及与之相应的习惯化了的行为方式方面的心理特征。视障学生性格教育的内容主要是培养学生良好的性格特征，帮助他们矫正不良性格特征。

④ 适应能力培养

主要是培养视障学生的社会适应能力，并帮助其解决面临的社会适应的问题，如后天失明学生对失明的适应、转学后对新环境的适应、升学后对新的学习阶段学习及生活方面的适应等。

⑤ 耐挫能力培养

耐挫能力，又称挫折的耐受能力、挫折承受力、挫折容忍力等，是指个体对挫折可忍耐、可接受程度的大小。视障学生耐挫能力的培养，主要是要使之形成对挫折的正确态度，培养学生良好的意志品质，培养学生对挫折的容忍力和超越力。

⑥ 人际关系指导

视障学生的人际关系指导内容包括：调整认知结构、克服人际偏见、加强个性修养、掌握人际关系相关知识、克服人际恐惧、增强交往主动性、学习交往技能、掌握人际关系调试策略等。

⑦ 青春期心理调适

包括指导学生了解青春期生理、心理发展的特点，学会调节青春期的情绪和叛逆心理，把握与异性交往的原则和技巧，并进行性心理健康教育。

⑧ 自我意识发展指导

自我意识是个体对自己本身及与周围客观世界关系的认识。视障学生自我意识发展指导的内容主要包括五个方面：提高自我认识、自我体验和自我调控水平；学会恰当地自我展示；学会自尊和自信；学会追求自我完善；学会摆脱自我意识的困扰。

⑨ 生活指导与人生规划

生活指导主要是通过对休闲和消费的指导，来培养学生良好的情趣、乐观的生活态度和良好的生活习惯。人生规划是通过帮助学生认识自我，并能根据自己的兴趣、爱好、能力、特长以及现实情况等设定自己的人生目标，确定自己的中期、近期目标。

2. 不同年级视障学生心理健康教育的内容

小学 1 ～ 3 年级：

帮助学生适应学校生活，包括适应学校的环境、班集体的生活与感受学习知识的乐趣，形成良好的学习、生活习惯；训练有意注意力；纠正退缩、恐惧、孤僻、依赖等偏常心理，使其与老师、同学交往，并在交往中体验友情。

小学 4 ～ 6 年级：

帮助学生在学习生活中树立克服困难的信心，学会情绪调节的方法，培养学习兴趣和进取态度；消除自卑、自私、多疑等不良心理，了解人际交往的技巧。在班级活动中，培养交往、合群、乐学、自立、友善的健全人格及主动参与活动的能力。

初中：

帮助学生适应中学的学习要求和学习方式，培养正确的学习观念，改善学习方法，发展学习能力；学会克服青春期的烦恼，逐步学会调节和控制自己的情绪和意志，提高耐挫能力；自觉纠正自己的偏常行为；认识自我并树立自信心，积极与同学、老师和家长交流沟通；逐步培养独立生活和适应环境的能力。

高中：

培养学生具有独立学习的能力，充分开发学习潜能，在学习生活中获得情感体验，进行升学准备；建立积极的自我认同感并学会调节自己的情绪；正确对待与异性伙伴的交往，建立对他人的积极情感反应和体验；进行人生规划。

职业中专：

在了解自己的生活能力、专业特长、兴趣爱好和社会就业条件的基础上，树立社会竞争意识，确定自己的职业志向，进行就业准备；提高承受挫折和应对挫折的能力，形成良好的意志品质。

第四节 视障学生心理健康教育的原则

随着我国社会经济的不断发展，教育观念也在更新，素质教育作为培养兴国人才的兴国教育，成为关乎中华民族伟大复兴的重要变革和时代的需要。素质教育的核心目的是为国家培养思想素质高、身心健康的、适应未来社会需要的建设人才。

对于视障教育学校来说，全面实施素质教育就是要促进学生全面发展和综合素质的提高，使之能够融入社会生活、参与社会劳动，成为具有一技之长的社会主义建设者。在视障学生素质构成的诸多要素中，心理素质是其他素质发展的基础因素和奠基石。

对于视障学生的心理健康问题，很早就得到了视障教育专家和一线教育工作者的重视。最近几年，随着视障教育的发展和素质教育的进一步实施，学生心理健康教育日益提到了学校工作的议事日程上来，不少学校引进了专职心理教师，开设了心理健康教育课程，积极开展学生心理辅导工作等，且取得了初步的成效，也受到了广大视障学生的欢迎。

2002 年教育部颁发的《中小学心理健康教育指导纲要》明确指出中小学心理健康教育必须坚持以下原则：

1. 根据学生心理发展特点和身心发展规律，有针对性地实施教育。

2. 面向全体学生，通过普遍开展教育活动，使学生对心理健康教育有积极的认识，使心理素质逐步得到提高。

3. 关注个别差异，根据不同学生的不同需要开展多种形式的教育和辅导，提高他们的心理健康水平。

4. 尊重学生，以学生为主体，充分激发和调动学生的积极性。

《中小学心理健康教育指导纲要（2012修订稿）》指出：开展中小学心理健康教育工作，必须坚持立德树人、育人为本，注重学生心理和谐健康，加强人文关怀和心理疏导。根据中小学学生生理、心理发展特点和规律，把握不同年龄阶段学生的心理发展任务，运用心理健康教育的知识理论和方法技能，培养中小学生良好的心理素质，促进其身心全面和谐发展。开展中小学心理健康教育必须坚持以下四个基本原则：

1. 坚持科学性与实效性相结合。根据中小学学生生理、心理发展特点和规律，把握不同年龄阶段学生的心理发展任务，运用心理健康教育的知识理论和方法技能，科学开展心理健康教育，注重心理健康教育的实践性与实效性，切实提高学生心理素质和心理健康水平。

2. 坚持发展、预防和危机干预相结合。要立足教育和发展，培养学生积极的心理品质，挖掘他们的心理潜能，注重预防和解决发展过程中的心理行为问题，在应急和突发事件中及时进行危机干预。

3. 坚持面向全体学生和关注个别差异相结合。全体教师都要树立心理健康教育意识，尊重学生，平等地对待学生，注重教育方式方法，关注个别差异，根据不同学生的特点和需要开展心理健康教育和辅导。

4. 坚持教师的主导性与学生的主体性相结合。要在教师的教育指导下，充分发挥和调动学生的主体性，引导学生积极主动地关注自身心理健康，培养学生自主、自助维护自身心理健康的意识和能力。

据此，视障学生心理健康教育必须坚持以人为本，立足视障学生，遵循视障学生的生理、心理的发展特点和规律，坚持以下原则：

1. 预防性原则。即视障教育学校开展学生心理健康教育工作，要坚持预防为主，通过开设校本课程、心理健康教育专题活动、心理辅导等普及心理健康知识，让视障学生了解其身心发展特点和发展规律，提高心理健康的意识和心理健康的水平。贯彻预防性原则，意味着心理健康教育工作首要的不是等待发生了问题再去解决问题，而是要有预见性、前瞻性，要根据视障学生的心理发展实际积极开展教育工作。

2. 科学性原则。即视障教育学校开展学生心理健康教育工作，必须要根据学生身心发展的规律和特点及心理健康教育的规律，把握不同年龄阶段学生的心理发展特点，运用心理健康教育的知识理论和方法技能，科学地开展心理健康教育。科学地开展心理健康教育也是取得实效的有效保证。

3. 全体性原则。全体性原则包含两层涵义：一是要面向全体学生做好心理健康教育工作，呵护每个学生的心理健康；二是要全员做好学生的心理健康教育。视障学生的心理健康是视障学校全体教职工、家长和社会的共同责任和义务，每个教职员工都应该做学生心理的呵护者。

4. 全面性原则。是指要坚持育人为本，立足视障学生的实际，以学生的健康和发展作为学校一切工作的出发点和最终目标，围绕视障学生的身心发展开展学校各方面的工作，做好学生的心理健康教育与辅导，为学生其他方面素质的提升奠定良好的心理基础。

5. 主体性原则。即要充分调动学生的积极性和主动性。要让学生关注自身的心理健康，自觉学习心理健康知识，主动参与心理健康教育活动，提高心理健康意识，做好心理健康保健。一旦出现心理健康问题，学生可以运用所学知识和正确的方式方法进行自我调适。

贯彻这一原则，要做到：

① 关注学生的心理需要。

② 以学生的发展和心理健康作为开展心理健康教育活动的目标。

③ 充分了解学生的喜好，以学生喜闻乐见的载体和形式开展心理健康教育活动。

④ 注重调动学生的主动意识和参与意识，让学生全程全方位参与心理健康教育活动。

6. 个别化原则。即根据视障学生个体的特殊性、差异性开展心理健康教育与辅导。心理健康教育不能一刀切，要根据学生个体的不同而采取差异性的教育与辅导方式。

贯彻个别化原则，需要：

① 充分了解和熟悉每一个学生，并为每一个学生建好心理档案。

② 根据学生的实际制订个性化的心理健康教育与辅导方案，并进行定期追踪。

③ 加强学生心理问题个案的研究，提高学生心理健康教育辅导的针对性和实效性。

第二章 营造有利于视障学生心理健康的环境

第一节 健康的校园环境

一、视障教育学校校园文化的建设

1. 什么是校园文化

校园文化是以校园为主要空间，以学生为主体，以育人为主要导向，以精神文化、环境文化、行为文化和制度文化建设等为主要内容的一种群体文化。校园文化是学校所具有的特定精神环境和文化气氛，它包括校园建筑设计、校园景观、绿化美化这种物化形态的内容，也包括学校的传统、校风、学风、人际关系、集体舆论、心理氛围以及学校的各种规章制度和学校成员在共同活动交往中形成的非明文规范的行为准则。校园精神是校园文化的灵魂。校园文化是学校教师与学生共同创造的，一旦形成会传承下去，不会轻易改变或者消失。

2. 视障教育学校校园文化的特征

视障学生绝大多数从六七岁就开始了住校生活，一直到十八九岁，校园生活占了他们绝大部分的时间，因此校园文化对于他们的身心健康与发展起着至关重要的作用，是一种非常重要的教育资源。健康、和谐、向上的校园文化，可以陶冶学生情操，启迪学生心智，促进学生全面发展。校园精神文化对培养视障学生正确的价值取向和思维方式、良好的学风和心理素质、乐观向上的精神风貌和健全的人格都具有重要的意义。

与普通中小学校相比，视障学校的校园文化有其普遍性与特殊性。

普遍性是指它与普通学校一样是学校本身形成和发展的物质文化和精神文化的总和。

特殊性是指视障教育学校的校园文化有其独特性。这种独特性主要表现在以下几个方面：

（1）在物质方面，视障教育学校除了与普通中小学一样要拥有一定规模和数量的教室、实验室、图书馆和学生体育活动场地等外，还要有符合视障学生生活、学习实际的功能室，如视功能康复训练室、电子阅览室、定向行走训练区以及感统训练室等。

（2）在建筑物和室内的色彩设计、质地选择上，既要充分考虑低视力学生的视觉特点，同时也要便于全盲学生的触觉识别。

（3）在校园布局设计上，要充分考虑视障学生的需要，设置适当的无障碍设施，以便于学生生活的安全、顺利、舒适。

图 2-1　色彩提醒

在无障碍设施的建设上，值得注意的是：

① 盲道的设置要适当。学生容易发生辨识困难的地方和经常出入的重要场所需要设置盲道。也就是，并不是所有地方都要设置盲道，盲道不是越多越好，而要与视障学生校园生活、学习的感知需要相匹配。校园盲道太多，与社会现实差距太多，学生走出校门就变成了不会走路的人；校园盲道太少，学生的校园生活会有很多不便。

② 可能有一定危险的地方一定要设置易于视障学生辨识的标志，且有必要的地方要设置相应的保护措施，如有棱角的外墙和柱子如果在校舍设计时避

免不了，那就一定要有防撞的标志或包装等，防止学生发生安全问题。

④ 无障碍设施的设计要有一定的前瞻性，要根据国际视障教育的发展趋势，用发展的眼光提前考虑到可能的无障碍设施需要，如道路、盥洗间、宿舍、教室等要充分考虑行走不便的学生、脑瘫儿童、手部肌无力等视多障儿童的教育与生活需要。

（4）在精神层面，由于视障教育学校教育对象的特殊性，在学校发展过程中，逐步形成的包括学校教育目标、价值观、校风、传统习惯、行为规范和规章制度等在内的精神文化与普通学校有很大的差别，如教育目标偏重体现视障学生能拥有一技之长，能够自尊、自信、自理、自立，能适应社会、融入社会、立足社会、服务社会，成为残而有为的社会主义劳动者和建设者；校风更突出学生的积极、乐观、向上；行为规范除了遵守普通中小学生的行为规范，还侧重突出对学生社会适应性行为与能力的培养要求；学校的规章制度也突出体现对视障学生生活、学习的特殊关爱以及对学生安全的特殊关注与管理，突出全心全意为视障学生提供全方位、安全、舒适的无障碍服务等。

3. 视障教育学校校园文化的创建

视障教育学校校园文化建设，首先是其文化定位，表现在：办学思想、办学特色、校训、校风、学风、教风等各个方面。

视障教育学校要创建健康的校园文化，必须做到：

① 了解和把握国际视障教育发展趋势，研究视障教育发展规律，引领学校未来的发展方向。

② 研究学校的发展历史，挖掘学校发展中起到积极推动作用的精神力量。

③ 研究国情校情，定位学校的发展方向，做好学校发展规划，制定长期、中期、短期发展目标。

④ 研究视障学生的成长和发展规律，激发青少年儿童的激情，唤起他们独立的人格追求和高尚的道德追求。

⑤ 研究中华民族传统文化，从中汲取营养，培养学校特色，让校园文化能够保持永恒的魅力。

⑥ 提高教职工的素质。加强师德师风建设，培养良好的道德情操。除了职后继续教育培训、学习外，还要多组织必要的理论探讨、学术报告，促进广大教职员工的科学文化素质和思想道德素质不断提升。要营造良好的读书氛围，打造书香校园，提高教师的职业精神和职业能力。

图 2–2　登山活动

图 2–3　门球比赛

⑦ 促进学生素质的提升。除了课堂学习科学文化知识之外，还要组织学生积极参加社会实践、社会调查、社会公益活动和社团活动等，提高学生的综合素质。如组织军训、体育比赛、登山、郊游等，不仅有利于提高视障学生的身体素质，而且可以培养学生的团队精神、合作意识、坚忍不拔的意志和拼搏精神；组织各种各样的文艺活动，营造一种生机勃勃、积极向上的文化氛围。

打造健康的、充满活力和魅力的校园文化，让视障学生置身于良好的校园文化环境之中，耳濡目染、潜移默化，成为一个有知识、有教养、有进取精神和创新精神的人才，这应是视障教育学校追求的目标。

【案例】

青岛盲校校园文化的创建

视障学生从六七岁入学到十八九岁左右离校，一生中最重要的成长期是在学校里度过的。也就是说，“从小在盲校，盲校是我家”是学校全体视障学生的实际，也是学校办学的实际。经过多年的总结积淀，青岛盲校的办学思想逐步定位为：立足盲生，以人为本；补偿缺陷，发展潜能；健全人格，回归主流。

“立足盲生，以人为本”，是指学校的一切工作都要以视障学生的健康成长和全面发展为出发点和落脚点，充分调动广大师生的主动性、积极性和创造性，使每个学生得到最适合的教育，取得最大化的提高和进步。学校则尽力为师生创造一个安全、和谐的工作和学习环境，提供优良的后勤保障和所需服务。

“不让一个学生掉队”“让每个学生有收获、有进步、有提高”“让每个学生快乐成长，天天向上”等等，成为青岛盲校教师的座右铭，“严谨、细致、扎实、创新”（教风）成为全体青岛盲校教师的自觉行动。在长期的办学中，经过几代教育工作者的实践、创新，“关注个体，关注需要”成为青岛盲校的一个突出教育教学特色。全体师生参与办学特色的总结、提炼、解读，不仅达成了共识，更在自己的岗位上自觉彰显和发展“关注个体，关注需要”的办学特色，丰富了办学特色的内涵。

“补偿缺陷，发展潜能”，是指要根据学生的需要，加强课程和教学改革，创造条件，利用一切可能利用的教育手段，积极为学生创建开放的学习环境和条件，对视障学生进行补偿教育和康复训练，将学生由于视力缺失造成的障碍减少到最小、最少，充分开发学生的潜能，使之与明眼学生一样得到全面、健康的发展。

“健全人格，回归主流”，是指要引导每个学生正确认识世界，形成正确的世界观、价值观，形成良好的心理素质和健全的人格，适应社会、融入社会，积极、乐观、健康、幸福地生活、学习和工作。

在先进办学思想的指导下，注重教学生“学会做人、学会求知、学会健体、学会做事”，学生以“自尊、自信、自强、自立”（校训）自勉自励，在学习中做到：勤奋、刻苦、善思、乐学（学风），形成了“团结、进取、乐观、向上”的校风。

随着学校的发展，办学特色更是增加了丰富的内涵，“自主、融合”逐渐成为学校进一步发展的追求和梦想。

关注生活细节，突出人文关怀，温暖着视障学生的心灵；培养兴趣，挖掘潜能，关注个性化发展，让视障学生的心里时刻充满着阳光；和谐的师生关系、生生关系亦成为学生心理健康的温床；“自尊、自信、自强、自立”的校训激励着一批批青岛盲校的学生们勤奋、充实地学习，健康快乐地成长。

这样的校园文化精神和文化氛围，是视障学生们所喜欢的，因此许多学生是慕名而来。他们认为在这样的环境中不仅可以学到知识，更重要的是让他们感觉到了家的温暖，在这个大家庭里他们长心智、长才干，健康地成长。

图 2-4　青岛盲校校训

图 2-5　健身器材

图 2-6　感统训练室

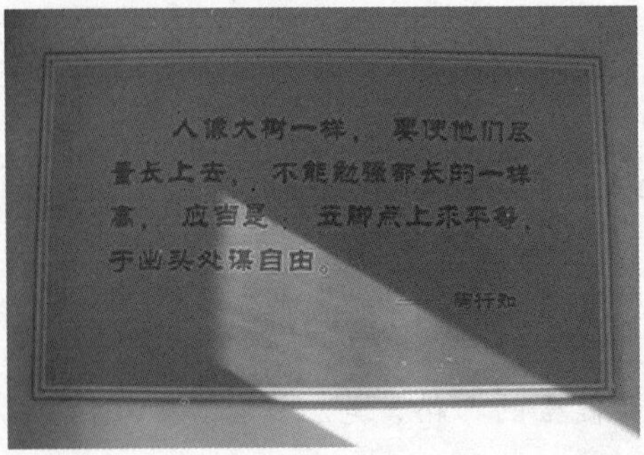

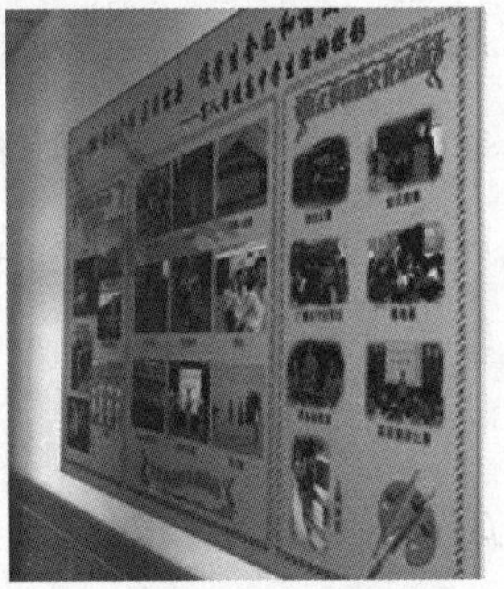

图 2-7　青岛盲校校园文化氛围一瞥

总之，视障教育学校校园文化建设中，不仅仅是要在校容校貌等物质环境建设上为视障学生提供安全、方便、舒适的服务，更重要的是营造一种健康、丰富、积极向上的文化氛围和风气，以陶冶学生的情操，构筑健康的人格。这对于视障学生的心理健康来说，是任何课程都无法比拟的。这种影响往往是历久弥深，能赋予学生独立的人格、独立的精神，激励学生不断反思、超越。

二、视障教育学校校园心理环境的建设

1. 视障教育学校校园心理环境特点

① 物理环境

时间环境。时间是学校内部一种无形但强有力的环境因素，能否科学、合理地安排和分配时间，对学生的身心健康有很大影响。原国家教委和卫生部颁布的《学校卫生工作条例》规定，学生每日学习时间（包括自习和课外活动），小学生不超过 6 小时，中学生不超过 7 小时，大学生不超过 10 小时。视障教育学校里学生较小，学生的时间环境比较有利于学生心理的发展。

空间环境。任何教学活动都必须在一定的教学空间内进行，不同的空间组织形式和空间组织密度对学生的心理健康和教学活动效果可以产生不同的影响。研究发现，班级规模和座位编排方式是与教学空间关系密切的两个环境因素。

视障教育学校小班化可能会导致学生在同班中缺少朋友。普通学校每个班几十人，很容易在同班中找到朋友，而视障教育学校国家规定每个班 8 ～ 12 人，再加上性别、性格等因素，学生很难在同班中找到朋友。另外，视障学生因班级人数少、学生盲文书占用空间多等原因，往往一人一个大课桌，跟普通学校两人一课桌或一人一小课桌有区别，拉远了班级中同学之间的距离，造成部分学生的孤寂感。

视障教育学校座位编排方式不同于普通学校。普通学校一般采取秧田式排列法。该方式的优点是特别适合于大班教学，不足之处在于学生之间缺乏交往活动，不利于学生的社会化成长，也不利于民主平等的师生关系的建立。

视障教育学校因为班级人数少，可以采取小组式排列法、圆形排列法、会议室排列法、U 形排列法等。而这些排列方法更有利于学生之间的交流、讨论、互相学习和互相合作，更好地促进学生之间的交往和沟通，促进学生社会化的形成，在一定程度上弥补了小班化的缺点。

另外，光线、声音、色彩、温度、空气等环境都会对学生的心理产生影响。

② 心理环境

大部分视障学生小学、初中甚至高中都在同一个学校就读，只接触一种校园文化。明眼学生在上学期间可能会换好几所学校，一般从幼儿园到上小学、初中、高中几乎都要换学校，而视障学生除了少部分学生有转学现象外基本上从小学到初中都在一个学校就读。也就是说，大部分视障学生只接受到一种校园文化，而长期待在一种校园文化中生活可能会让学生形成性格呆板、封闭、看事情单一等特点。

部分视障教育学校全国招生。这种不同地域、不同性格的学生待在一起，有助于学生开阔视野，了解不同地区的风土人情；在性格方面学生间也能更好地融合、取长补短，利于减少固执性格的产生。

视障学生住校生活存在以大欺小现象。视障教育学校都是完全学校，小学生、初中生、高中生、职教生都有，学生之间年龄差距大，小到六七岁，大到二十几岁。他们大部分从小学一年级就住校。学校在安排宿舍时会为了让大同学照顾小同学而施行大小搭配混住的方式，在这种情况下，就有可能存在大同学欺负小同学的现象，比如：大同学对小同学大声呵斥，大同学让小同学帮忙倒洗脚水，甚至大同学打小同学等。对于小同学来说，这种长期的受欺负生活将会给其心理带来不良影响。而当这些小同学有一天熬成大同学的时候，他们或许会体验了被欺负的苦楚从而不欺负小同学，也会有部分学生觉得终于熬出头了，也会去欺负小同学。这种现象应引起教育管理者的注意，要防止此类事件发生。

在视障教育学校，低视力学生接受锻炼的机会多，这会让低视力学生更有自信，潜在的能力得到更好的发挥。相对来说，全盲学生接受锻炼的机会少，个体潜能的挖掘有待进一步提高。学校教育工作者应充分认识到这一点，认识到全盲学生的需要，给他们更多的机会去锻炼、去发展。

2. 优化视障教育学校心理环境的措施

① 物理环境优化的措施

有关的实验研究表明，最适宜于学生智力活动的教室温度是 20℃ ~ 25℃，环境温度每超过这个适宜值1℃，学生的学习能力就相应降低2%。近几年大部分视障教育学校都安装了暖气，这样学生在冬天时就可以更好地投入学习，提高学习能力。噪声不应超过50分贝；照明度应该为30～40勒克斯；墙壁最好为淡绿色或浅蓝色；教室的空气要流动、新鲜；教室的布置要简单、实用、美观；学生使用的桌子与椅子应与学生的身高基本适合，最好用可调节高度的桌椅；教学楼的墙壁上可张贴一些科学方面的名人画像，或内容有激励作用的书法作品、美丽的山水画，或精选的学生绘画、手工作品等，使学生在课间休息时无形中获得陶冶和情绪上的放松。

另外，在校园里还要重视绿化建设，种植花草，既有利于净化空气又陶冶学生的情操。

②心理环境优化的措施

营造学生自主管理的氛围

因为视力障碍，很多视障学生在家里被家长过度包办，缺乏各种能力的锻炼。因此学校应该积极为视障学生营造自主管理的氛围，让学生自主管理，独立生活。可以利用学生会、学生社团等形式组织丰富多彩的学生活动，如组织学生进行象棋比赛、讲故事比赛、电脑打字比赛等。也可以通过宿舍管理委员会对住宿生进行管理，如每天负责宿舍的卫生检查、就寝后宿舍纪律的管理等。学生的自主管理不仅锻炼了学生各方面的能力，还提升了学生的自信心。

营造愉悦的课堂心理氛围

心理学的研究与我们的实践体会都表明，在压抑的气氛中学习与在轻松的气氛中学习，效果是大不一样的。学生长期在压抑、沉闷、恐惧的课堂中学习，不仅学习效率降低，学习能力下降，学生的情绪也会变得紧张和压抑；相反，长期在轻松、愉快、和谐的课堂氛围中学习，学生的学习效率会提高，想象力、思维能力等都会得到良好的发展，而且学生的情绪也会轻松愉快。

对课堂氛围起决定性作用的是老师，因此老师要为学生创设积极、放松、愉悦的课堂氛围。增加自己课堂中的感情投入，用自己的激情来感染学生；平等、尊重地对待每名学生；对待学生的错误要耐心、冷静；更新教学内容，增强课堂趣味性，从而增强学生的学习热情。

营造良好的人际心理环境

是否拥有和谐的人际关系，是衡量一个人心理是否健康的重要指标。同时，人际关系是否和谐又是制约心理健康发展的重要因素。

在学校中，教师与学生之间、学生与学生之间的人际关系构成了学生学习生活特定的人际环境。学者的研究及教育实践都表明，良好的人际环境会增强学生对新环境的适应，使学生保持良好的情绪，减少心理问题的发生；反之，若学生长期处在不良的人际环境中，势必让学生感到孤独、郁闷、自卑、敏感。因此，教师要为学生营造积极的人际氛围，鼓励学生主动交往并教给学生人际交往的技巧，关注学生间的人际关系状况，尤其关注性格内向孤僻的学生，创设机会促进他们与其他同学交往，并主动与学生建立良好的师生关系。

第二节　和谐的家庭环境

一、视障学生家庭教育存在的问题及原因

1. 过度包办

有些家长负罪感严重，认为孩子的视觉障碍是自己造成的，深感内疚，总觉得对不起孩子，因此他们会对孩子千依百顺，过分地保护，过度地溺爱，过多地代劳，不舍得让孩子做任何事情。还有些家长怕麻烦，觉得即使孩子做了也做不好，最后还要自己来收拾，因此也不让孩子动手。这种包办剥夺了孩子尝试的机会，孩子没有尝试也就没有成功的体验，因此很多视障学生缺乏自信，同时也导致了这部分视障学生在住校后因生活不能自理而发生适应困难。

2. 疏于管教

有些家长因为虚荣，不愿被别人知道自己有个残疾孩子，因此会把孩子锁在家里，即使客人来了也不让孩子出来见人，外出串门时也不带孩子；有些家长因为孩子的视力障碍而对其低期望、低要求，不管不教；有些家长则认为就这样养着孩子一辈子就好，甚至为了给孩子将来作准备而拼命挣钱，很少有时间和孩子沟通。

3. 视障学生家长的不良情绪影响到孩子

有些家长嫌弃孩子、讨厌孩子，因此会对孩子施行家庭暴力。有些家庭从视障学生出生那一刻起，家里便阴云密布，争吵不断，甚至父母会不堪重压而离婚，离婚后带孩子的一方压力会更大，情绪也会更差，这种不好的情绪也会给孩子带来不良影响。

二、改进视障学生家庭教育的对策及建议

1. 做好家长培训工作

通过丰富多彩的家教活动，诸如家教知识讲座、家教经验交流会、家长园地、家长开放日等普及家教知识。

① 让家长了解视障学生的生理和心理特点，不做伤害其心理健康的事情，不说伤害其心理健康的话。

② 让家长了解视障学生不同成长期容易出现的心理问题以及心理护理知识，做好视障学生家庭教育，呵护学生的心理健康。

③ 帮助家长了解视障学生面临的生活和学习困难，使学生在遇到问题时能够得到家长的理解与帮助，从而避免产生心理问题。

④ 让家长了解视障学生在升学就业等重要时期学生的心理障碍，帮助学生做好人生规划和职业规划。

⑤ 让家长了解科学的家庭教育知识，掌握与孩子沟通的方式方法。

2. 让家长参与学生心理健康教育活动

学校可以利用开学或放假时家长来校接送孩子的时间开设专题活动，可以

是只针对家长的心理讲座或心理体验活动，和家长一起探讨视障学生的家庭教育方法；也可以是家长和孩子都参与的亲子活动，通过亲子活动，促进家长与孩子间的了解和有效沟通。

3. 做好家长的心理健康教育工作

家庭环境对学生的心理影响是潜移默化的，是深刻的，甚至是终身的。因此，视障学生的心理健康教育离不开家庭，离不开父母。要让视障学生的父母对残疾有科学、正确的认识，尤其要使其认识到自身行为对学生的影响，用健康的心理、平和的心态对待视障学生，摒弃对视力障碍的不正确的认识，重视学生心理健康，对学生进行科学、正确的心理引导。

4. 建立家访制度，发挥家访的多向性作用

家访是教师开展工作的一个重要手段，随着现代化通信技术的普及，登门家访似乎已渐渐地被人们忽视了，但家访作为一项在特定环境下进行的工作，有其不可替代的作用。

① 家访时向家长反映学生的闪光点，让家长分享孩子成长的快乐。

② 针对学生的兴趣爱好，家校密切配合，帮助学生扬长避短做好职业规划和人生规划，促进学生积极向上。

③ 了解学生的家庭成长环境，针对学生成长中出现的问题，给家长提出建议，像医生治病那样“对症下药”。同时，还能密切学校和家庭的联系，使教师与家长密切配合，形成做学生思想工作的“合力”。

④ 能结合学生家庭教育的实际，向家长传播家庭教育知识。

⑤ 能让教师更全面地了解学生，使教育更具有针对性。

⑥ 可以增进师生感情，尤其对解决特殊学生的特殊问题有着独特的作用。

三、有利于视障学生心理健康的家庭环境

1. 接受并接纳孩子的视力障碍

很多视障学生，尤其是后天失明的学生，往往不能接受自己失明的事实，

也就不能为自己的人生进行合适的规划，因此很多学生没有人生目标，过一天算一天地混日子。视障学生不能接受自己失明事实的原因之一就是家长没有接受这个事实。因此，家长应首先接受这个事实并引导孩子接纳自己的视力障碍。

2. 宽松、民主的家庭教育模式

视力障碍学生因为视力的缺失本来就容易胆小、害怕、拘束，作为家长，一定要营造宽松的家庭氛围，民主的教育模式，让学生感觉到安全，从而去探知周围的事物。

3. 鼓励孩子在尝试中体验成功的快乐

很多家长对学生过度包办，不让学生动手，岂不知，这样做实际上剥夺了学生探索外界和尝试体验成功的快乐。家长要鼓励孩子多尝试、多动手，自己的事情自己做，在尝试中体验成功，增强自信。

4. 多带孩子接触陌生人

很多视障学生家长，不愿让别人知道自己家里有一个视障孩子，因此，出门时也不带孩子，来客人时让孩子躲起来。久而久之，孩子便不敢、不想见陌生人，变得越来越孤僻。因此，家长应该积极创设机会让学生接触陌生人，并指导孩子人际交往的技巧和方法。

5. 帮助孩子进行人生规划

由于视力障碍，视障学生信息量比较少，对自己的实际情况往往认识不够，因此家长应该帮助学生加强自我认识，并指导其根据自身情况进行人生规划。

第三节　融合的社会环境

随着社会的发展，国家对残疾人越来越重视，人们对残疾人也越来越关注。但还是有很多不利于视障人士的社会环境存在。

一、对视障学生不利的社会环境

1. 无障碍设施缺乏或不健全

有的城市或区域没有盲道，即使有盲道，往往设置得也不尽合理，如盲道通向垃圾筒，盲道上有树或电线杆等障碍物，且由于人们对盲道的功能认识不足，导致盲道常被占用；公交站牌、电梯、邮局、影院等公用设施和饭店、超市、商场、书店等没有盲文标志；十字路口的红绿灯没有语音提示，等等。可以说，目前社会环境中的很多方面都没有为盲人的生活提供安全保障，更不用说提供方便和全方位的服务。

图 2–8　盲道设置不合理

2. 社会对视障的认知偏见、冷漠或歧视依然存在

视障学生走出校门，人们有时会议论纷纷，说他们可怜，对他们表示同情、怜悯，有意或无意的言语会伤及他们的自尊心；有视障学生坐公交车，有的公交司机会嫌麻烦、没有效益而不停车；就业后的视障学生在单位上班时有些也会遭到同事的排斥。

3. 社会对视障学生了解较少

视障学生出行，往往会引来路人围观。有些学生在 QQ 上跟网友聊天，当网友知道他是视障学生时往往会充满好奇心和猎奇心，问很多令人无语的问题。由于对视障学生的不了解，社会各界的爱心人士有时也会“过度”地关心，不恰当的爱和关心有时反而伤害了视障学生的自尊心。这都说明社会对视障学生的了解还太少。

4. 社会没有给视障人士提供更多的就业机会

现在视障学生毕业后大都从事按摩行业，有些学生不喜欢或不适合从事按摩行业，但社会并没有为他们提供更多的就业机会。

二、创造有利于视障学生生存的社会环境

1. 加强宣传，形成爱心帮助视障学生的社会文化环境和氛围

视力缺失给视障学生确实造成很多生活的不便和艰难，使他们成为社会的弱势群体。即使在残疾人群体中，视障学生也属于弱势。也就是说，视障学生是弱势群体中的弱势群体。

对于明眼人来说很简单的事情，他们则困难很多。比如走路，一岁多的孩子就可以迈开步子学走路了，只要眼睛看得到的地方，想去的地方，都可以自己走去，不会有太大的困难和危险。但是，对于视障学生来说，出门坐公交、过马路是很困难的事情，而且在目前社会现状下，走路的危险和陷阱到处都存在：路边的电线杆、树、车辆、自行车、路边摊、报刊亭等等，都可能对他们的行走造成障碍，甚至产生危险，如路上的井盖没有了，只要有明显标志，明眼人注意到了这些危险，就可以绕过去，而视障学生看不到危险标志，看不到危险的存在，那就是生命的陷阱。再如吃饭，每人都要吃饭，且一日三餐，买菜、做饭、吃饭是最普通、正常的事情了，可是，视障者如何买菜？什么菜是质量好的？锅碗瓢盆，煎炸烹饪，何其艰难。诸如此类，生活中的点点滴滴，视障学生的生活和学习充满着艰辛和不便。

因此，要加大宣传力度，使整个社会形成一种关心视障学生成长，关爱视障学生生活和学习的良好氛围，使广大民众不再用另类的眼光看视障学生，而是用平和的心态接纳视障学生，且能够在视障学生遇到困难的时候人人都能伸出一只手，给予他们帮助、支持，给予他们真诚的关怀，为视障学生的成长创造宽松的社会环境，使视障学生的心中充满阳光，快乐地生活、学习，健康地成长。

2. 各级政府和行政部门，要创建有利于视障学生生活、学习和工作的社会环境

视障者的社会生活，需要的是支持。如，无障碍行走的道路，无障碍公交，火车站建立绿色通行通道，超市和影院、银行等公用设施配备完善的无障碍设施等等。有了足够的支持，他们才能够安全、方便地参与社会生活。

视障学生的成长，需要的也是支持。如公共场所对视障学生开放，社会教育资源、旅游景点等对视障学生开放等等。在我国的发达城市，如北京，已经做到了视障者免费乘车（包括地铁），且陪同人员（一人）也一同免费；所有的旅游景点对视障者免费开放；建立专为盲人服务的盲文图书馆且免费开放，等等。但很多城市和地区，甚至有些东部沿海发达城市和地区，远远没有提供这些简单的社会支持，如有的乘车要收费，有的驾驶员不愿意让视障者乘车，有的景点不对视障者免费开放，有的以安全无法保障等各种理由拒绝视障者入内等等。

此外，还要根据视障学生的实际和特点，为视障者提供更多的职业选择和就业岗位。这不仅是视障学生的发展需要和动力，更给予视障学生健康成长强有力的心理支撑。

为视障者提供安全、便利的社会服务，为视障学生创设有利的社会环境、开放丰富的社会教育资源，使之共同参与社会生活，是一个文明社会的标志。这需要各级政府的努力，需要全社会的努力。

3. 普及视障教育知识，让全社会了解视障学生的生活、学习，为视障学生在社会生活、学习、工作提供适当的帮助和支持

社会对视障者的偏见，有的是因为封建思想的侵蚀，这是作为现代人应该摒弃的。但是，绝大多数人对视障者的偏见是源于无知。他们的生活中没有接触过视障者，对他们的生活、学习、工作了解得很少，甚至根本不了解，因此才会出现好奇的心理，见了视障人士就问东问西，甚至言语间伤及他们的自尊心；或者出于猎奇的心理，少见多怪；或者不知所措，不知道伸出手来帮助正需要帮助的视障者等。

各级政府、教育机构和教育工作者，都有责任和义务宣传视障教育的相关知识，提供相关培训和服务，帮助社会爱心人士了解视力缺失对人产生的影响，了解视障学生的心理、生理特点，了解视障学生的心声：不需要同情和怜悯。视障者需要的是与明眼人平等交流，需要的是有尊严地生活，需要社会的关心、帮助，但更需要对他们的理解和支持。

当然，最直接、最有效的宣传和普及教育是视障学生自身主动参与社会实践和社会生活，让社会了解他们以及他们的需要，了解他们到底需要什么样的帮助和支持。几年前上海电视台播放过视障教育的培训节目，让人耳目一新，不仅特殊学校的老师们通过电视节目接受专业培训、学习，同时社会各界人士可以通过观看电视了解视障学生的教育需要，既是教育培训又是宣传，一举两得。既显示出上海市人民政府及社会各界对残疾人教育的重视，又对全社会普及了视障教育知识。

随着社会的不断进步，社会的文明程度越来越高，对残疾人的关注也越来越多。社会的关心、关爱给视障学生带来了温暖，但不当的爱有的时候也会造成伤害。让爱心没有距离、没有障碍的唯一办法就是视障教育和帮扶知识的普及。

第三章　课堂教学中的心理健康教育

第一节　在学科教学中渗透心理健康教育

一、学科教学中渗透心理健康教育的重要性

现代教育理论认为，教学不是以单纯的传授知识为目的，而是以全面提高人的素质为目的。教学过程是一个育人的过程，也是一个心理辅导的过程。多年的教学实践和追踪研究表明，不少学生心理素质欠佳，主要表现是厌学、自卑、情绪不稳定，尤其是学习成绩不太理想时，容易烦恼、心情焦虑、情绪紧张、兴趣减退、自信心不足。为优化学生心理素质，教师可通过学科课堂教学的心理辅导渗透，针对学生不同的心理状态和心理倾向进行有目的的指导，帮助学生克服心理障碍，提高教学效果。

从发展的角度看，心理健康应该是伴随一个人终生的人生课题，而且有很强的阶段性。一个人的学生阶段的可塑性是最强的，其中包括心理健康的塑造。学科课堂学习是学生重要的学习方式，也是学生心理健康教育的重要渠道。对于视障学生来说，由于他们大多从小长期住校，较之明眼学生，他们的生活圈子较小，接受信息的渠道较窄，因此学科课堂教学中渗透心理健康教育显得尤为重要。

新课程改革下的各学科教学目标包括“知识与技能、过程与方法、情感态度价值观”三个基本维度，其中情感态度的获得，价值观的形成，特别需

要教师依托视障学生的心理规律进行有计划地、科学地设计，教师不仅要做学生学习的促进者、学生探究的合作者、学生发展的引导者，而且更重要的是做学生心理健康成长的领路人。同时，新课程改革下的各科教学都倡导引导学生进行自主、合作、探究、启发式的学习，而这样的学习方式需要教师为学生创造民主和谐的课堂气氛，这种民主、和谐的气氛将有助于学生良好心理素质的形成。

二、学科教学中渗透心理健康教育的可行性

1. 教师关于心理健康教育的意识和能力逐步提高

随着特殊教育事业的发展，对视障学生进行心理健康教育得到了广泛的重视，各级各类教育行政部门积极开展各级各类心理健康教育方法的专题培训，广大视障教育工作者对视障学生进行心理健康教育与疏导的能力也得到了逐步提高，教师有意识也有能力做到在教学中渗透心理健康教育，这为学科教学渗透心理健康教育提供了人力可行性。

2. 各学科都蕴含着十分丰富的心理健康教育资源

学科教学是视障教育学校的中心工作，视障学生知识技能的提高、方法的获得、情感态度价值观的形成的主渠道是课堂学习，因此在学科课堂教学中向学生渗透心理健康教育会收到良好的效果。无论是学科课程本身还是学科课程的教学过程，都蕴含着十分丰富的心理健康教育资源，只要充分发挥教师的主动性、能动性和创造性，鼓励教师开动脑筋、注意积累、重视交流，可以通过挖掘教材的心理健康内容、改变课堂组织形式等，来实现心理健康教育渗透。

三、学科教学渗透心理健康教育的原则

学科教学中渗透心理健康教育，要根据学科课程标准和教学目标，结合心理健康教育目标任务确定，并根据教育教学实践规律，遵循以下原则：

1. 背景原则

教师要全面了解视障学生的观察力、注意力、想象力、记忆力和思维力等

智力因素和动机、兴趣、情感、意志、性格、视力状况等非智力因素，以及所教学科内容基础知识等背景材料，以便课堂教学渗透心理健康教育有的放矢，因材施教，提高教学效率。特别需要指出的是，虽然视障学生有视力障碍，但是仍然具有较强的观察力，他们可用触觉、听觉或者残余视力甚至是光感进行观察，且他们的想象力、情感也非常丰富，他们的兴趣也比较广泛。这些都是从事视障教育的教师们不应忽视的。

2. 和谐原则

教师在教学过程中，要创设一种和谐宽松的氛围。教师和学生、学生和学生之间都要建立一种和谐合作的关系。课堂上，师生、生生之间通过互相尊重、理解、信任、互相帮助、团结合作等，传递和谐平等的爱。课堂教学中，体现和谐原则的最佳方式是小组互助学习。每个小组由 2 ～ 3 名学生组成，低视力学生与全盲学生、学习能力强的学生与学习能力弱的学生、表达能力强的学生与表达能力有欠缺的学生、动手操作能力强的学生与动手操作能力弱的学生合理搭配，他们互补、互助，团结协作，共同提高。

3. 差异性原则

视障学校班级人数虽然较少（8 ～ 12 人），但视障学生个体差异较大，在学科教学中渗透心理健康教育应根据不同学生的不同心理需要或者存在的心理问题，在学科教学中有针对性地开展形式多样的、针对性强的心理健康教育活动，以提高学生的心理健康水平。这是视障教育学校学科教学中渗透心理健康教育的精髓所在。例如，某校二年级六名同学的数学计算能力差异大，共分三个层次，在每课例行的口算练习中，教师给三个层次的同学设计不同的口算练习题目，既让学生在自己的基础上得到训练提高，也不动声色地满足了学生的成功心理需求，让学习落后的学生继续保持学习数学的兴趣和乐趣。

4. 成功原则

苏霍姆林斯基说：“成功的欢乐是一种巨大的情绪力量，它可以促进儿童好好学习的愿望。”希望获得成功是人的一种心理需求和内在本性，视障学生亦希望获得成功，这种成功心理需求是其获得良好心理体验的主要方式。在教学中，要创设各种经由学生自身努力能达到的学习目标，尽量让每一个学生不断地体验到成功的喜悦，让一个个“成功”激励他们走向更大的成功。

5. 主体性原则

主体性原则要求教师在学科教学中渗透心理健康教育的同时，要充分尊重学生的主体地位，充分发挥学生的主体作用。主体性原则集中而直接地体现了学科教学中渗透心理健康教育的关键特征。也就是说，教师在教学中不要简单地说教，不要仅仅告诉学生应该怎样做、应该懂得什么道理，而应该给学生设置情境或者给学生提供实际操作、亲身体验实践的机会，让他们主动地获得启发，从而总结结论，打开心结。

6. 保密性原则

学科课堂教学中，教师与学生要建立相互信任的心理基础，鼓励学生畅所欲言。即使是学科教学中渗透心理健康教育，教师也应该注意遵守保密性原则，尊重学生的隐私权，给予学生最大的人格尊重。如，学生在课堂上的语言或者行为是有情境的，教师在与其他同事或其他班级的学生研究、分享的时候，不能脱离情境过分强调学生的某些看上去比较“可笑”的语言或行为，更不能指名道姓，要尊重学生，保护学生的隐私，以获得学生的信任，让他们在课堂上能更加畅所欲言。

四、学科教学渗透心理健康教育的教学目标

在《全日制盲校义务教育课程设置实验方案》中，教学培养目标特别指出要使学生“身体健康，具有良好的心理素质，养成健康的审美情趣和生活方式，学会交流与合作，初步具有独立生活能力、社会适应能力和人生规划意识，成为有理想、有道德、有文化、有纪律的一代新人”。

盲校各学科的课程标准中也都对视障学生进行心理健康教育提出了明确的要求，如，语文课程标准中明确指出：“盲校语文课程应重视提高视力障碍学生的品德修养和审美情趣，使他们逐步形成良好的个性和健全的

人格，促进其适应社会环境和现代生活，实现视力残疾学生德、智、体、美和谐发展”。

数学课程标准中要求学生“在数学学习过程中，体验获得成功的乐趣，锻炼克服困难的意志，建立自信心”“学会与他人合作交流”“初步形成评价与反思的意识”。

英语课程标准中要求教师在教学中应“不断激发并强化学生的学习兴趣，以使他们树立自信心，锻炼克服困难的意志，乐于与他人合作，养成和谐、健康向上的品格”。

思想品德课程标准指出要培养学生“正视自己的残疾状况，形成健康的心理品质”“热爱生命，自尊自信，乐观向上，意志坚强”，使学生“增强自我调适、自我控制的能力，学会理智地调控自己的情绪”，帮助学生“发展观察、感受、体验、参与社会公共生活的能力，初步培养交往与沟通的能力”。

历史课程标准中要求学生能“初步理解个人与群体、个人与社会的关系，提高对是与非、善与恶、美与丑的识别判断力，逐步确立积极进取的人生态度，形成健全的人格和健康的个性品质”。

地理课程标准明确提出：“要增强学生对地理事物和现象的好奇心，提高学习地理的兴趣以及对地理环境的审美情趣；要让学生关心家乡的环境与发展，关心我国的基本地理国情，增强热爱家乡、热爱祖国的情感；尊重世界不同国家的文化和传统，增强民族自尊心、自信心和自豪感。”

物理课程标准中要求学生要“具有创新意识，能独立思考，勇于有根据地怀疑，养成尊重事实、大胆想象的科学态度和科学精神，破除迷信，正确对待视力残疾”。

化学课程标准则要求学生“能主动与他人进行交流和讨论，清楚地表达自己的观点”“初步养成勤于思考、敢于质疑、严谨求实、乐于实践、善于合作、勇于创新等科学品质”“增强视障学生的自尊、自信、自强、自立的意识和平等参与社会的意识”。

生物课程标准要求学生要“热爱大自然，珍爱生命，理解人与自然和谐发展的意义，逐步养成良好的生活与卫生习惯，确立积极、健康的生活态度，乐于探索生命的奥秘，具有实事求是的科学态度、探索精神和创新意识”。

体育与健康课程标准指出：“体育课程分为运动参与、运动技能、身体健康、心理健康与社会适应四个学习方面。心理健康与社会适应是指个体自我感觉良好以及与社会和谐相处的状态与过程，与体育学习和锻炼、身体健康密切相关。这既是体育与健康课程学习的重要内容，也是课程功能和价值的重要体现。此外，体育与健康课程十分重视培养学生的自信心、坚强的意志品质、良好的体育道德、合作精神与公平竞争的意识，帮助学生掌握调节情绪和与人交往的方法。”

音乐课程标准要求音乐课要丰富学生的情感体验，培养学生对生活的积极乐观态度，因为“音乐学习可以丰富学生的情感体验，使其情感世界受到潜移默化的感染和熏陶，建立起对人类、对自然、对一切美好事物的关爱之情，树立起对生活的积极乐观态度，以及培养起对美好未来向往与追求的情感”。

美工课程标准明确指出：“通过美工课的学习，旨在增强视障学生的自信心，培养他们的社会责任感和关心社会、生活的态度，形成正确的世界观、人生观和价值观，具有乐观进取、自尊、自信、自强、自立、立志成才的精神和健康的心理素质以及平等参与社会活动的意识。”

社会适应课程标准中要求学生能做到“爱护身体，热爱生命，正确认识和悦纳个体与群体；热爱生活，积极进取，乐观开朗，不畏艰难，遇到挫折，善于分析，积极寻找解决对策。”

定向行走课程标准要求学生“具有良好的身心素质，补偿其丧失或削弱的感官功能，形成积极进取、乐观开朗的生活态度，基本做到适应社会生活。”

综合实践活动课程标准中要求“发挥视力障碍学生的主动性、独立性和创造性，丰富精神生活，补偿身心缺陷，发展视力残疾学生的创新能力、实践能力以及良好的个性品质，促进视力残疾学生认知、行为、情感、缺陷补偿、潜能开发的统一协调发展”。

在视障教育学校的各学科教学中，任课教师要根据课程标准的要求，结合视障学生的心理特点、心理需求及其心理存在的问题，努力挖掘对视障学生进行心理健康教育的教学内容，将视障学生知识、能力的发展与其个性心理的发展有机结合起来。主要应从以下几个方面进行考量：

1. 培养学生积极向上的学习态度；培养学生学习的自觉性、主动性和学习兴趣；培养学生的意志力和敢于质疑、大胆创新的精神。

2. 培养学生良好的行为心理，如，了解自我、悦纳自我、正视现实、接受现实、热爱生活、乐于学习、情绪自控、良好心境等。

3. 培养学生良好的沟通合作能力，如，热爱他人、乐于交流、善于合作、团队意识等。

五、学科教学渗透心理健康教育的主要途径

1. 在科学领域的课堂上培养视障学生敢于质疑、大胆创新的解决问题的心理素质。在科学领域如数学、物理、化学、生物等学科教学中，应该注重把问题交给学生去思考、研究、解决，进而让学生去发现问题，提出质疑，并最终揭示问题。让学生在解决问题的过程中不断总结方法，逐步树立自信，达到“原来我能行”“原来我很行”的教育效果。教学中要尽可能避免“我来讲，你来听”的仅把视障学生当做简单的接收器的做法。

2. 在语言类课程的课堂教学中培养学生的学习兴趣、学习主动性、学习自主性等心理素质。语言类课程是视障学生学习障碍最少的课程。这些课程单位时间的信息量大，与视障学生的生活、体验和直接感受最密切，教师可以更多地借鉴普通学校的教学方式，把渗透心理健康教育的重点放在培养学生浓厚的学习兴趣、学习主动性和自主性上。

3. 在活动类课程中培养学生悦纳自我、情绪自控、良好心境和坚强意志力等心理素质。这里所说的活动类课程包括体育与健康、综合康复、手工、音乐、器乐、形体、律动等课程。活动类课程通过教学内容的设计、活动强度难度的

逐渐加大、教学环节的过渡等，可以润物细无声地在培养学生悦纳自我、情绪控制、良好心境、坚强意志力等方面发挥强大的作用。

4. 在科学实验教学中培养学生正视现实、动用多感官观察、乐于学习、善于合作的心理素质。通常，科学实验是需要手、眼配合完成的复杂过程，从这点上看，视障学生好像无法完成科学实验。但只要任课教师不怕麻烦，能根据视障学生的视力状况和动手操作能力进行合理分组，能根据视障学生的认知特点将明眼人用的普通实验器具做适当的改造，再选取学生能够操作的、安全系数较高的、能够动用多种感官进行观察的实验，完全可以让视障学生进行科学实验操作，并"观察"到现象，进而透过现象分析本质。科学实验的操作，是视障学生动用多种感官合作完成的，每个人都在操作过程中发挥作用，他们能共同感受到成功的快乐。

5. 在社会适应课程教学中培养学生了解自我、接受现实、热爱生活、适应社会的心理素质。视障教育学校的社会适应课程包括综合康复、社会适应、定向行走等课程，这些课程所承担的责任就是引导学生成为一个能融入明眼人世界的视障人。视障学生在这些课程里学习如何充分应用自己的残余视力，学习如何与人接触、交流，学习如何融入学校、家庭所在的社区生活，这对视障学生了解自我、真心接受自己的视觉特点很有帮助，有利于培养其健康的心理素质。

6. 以小组合作为主的学习形式，培养学生热爱他人、乐于交流、团队合作意识等心理素质。视障教育学校一个班里的学生数一般为 8 ～ 12 人，他们视障程度不同、学习能力有差别、学业基础有差异，这些差异给教师的教学带来不少的挑战。要解决这些差异问题，在学科教学中宜采用小组合作为主的学习形式。分组时，通常让盲生与低视学生、学习能力强的学生与学习能力弱的学生搭配，每组一般为 2 ～ 3 人。在日常学习中，小组内同学在视力、能力上互补、互助，在学业上进行思想和感情交流、碰撞。小组合作学习，有利于学生间形成融洽的关系，有利于学生人际交往能力的增强和团队合作意识的提高。

【案例】

在学科教学中渗透心理健康教育

课例1：高中地理必修2第一章第四节地域文化与人口

一、教材分析

本节教材内容比较简单，也容易理解，但是要让学生深刻理解文化以及文化与人口的关系，需要广阔的视野，还需要结合学生自身实际。本节重点，一是文化与人口的关系，二是加强学生的人口观、生育观、人生观等教育。

二、学情分析

学生学习地理兴趣浓厚，关心自身发展。

三、教学目标

（一）知识与技能

1. 了解文化与地域文化的概念。

2. 举例说明外国文化对人口的影响和中国文化对人口的影响

3. 收集资料，对比不同地区人口的文化差异。

（二）过程与方法

1. 通过举例说明地域文化对人口的影响，培养学生分析实例的能力。

2. 通过收集资料，对比不同地区人口的文化差异，培养学生查找、收集资料的能力。

（三）情感态度与价值观

1. 通过阅读教材中《中华人民共和国婚姻法》选录，使学生了解我国有关法律，进行法制教育。

2. 通过学习中国文化与人口，弘扬我国悠久的历史和灿烂的文化，对学生进行爱国主义教育。

四、教学过程与内容

（一）问题导入新课

1. 什么是文化？

2. 什么是地域文化?

（二）新授课

1. 外国文化与人口

课前学生收集各国的婚俗、宗教。

课堂交流各国的婚俗、宗教，并展开“人口与文化”的讨论。

2. 中国文化与人口

阅读教材内容，并举例说明中国文化对人口的影响。

（三）小结

（四）拓展

1. 特殊关注的人口问题

（1）人口老龄化问题。

（2）21 世纪人口发展趋势。

（3）世界人口持续增长带来的问题。

（4）人口迁移带来的问题，如，“民工潮”“用工荒”等。

（5）科学文明进步的生育观和计划生育的意义。

2. 关于“生死观、婚姻观、生育观和人生观”的讨论

“今天我们学习的内容是关于人口的增长，我们讨论了影响人口增长的众多因素，比如经济基础、生理、受教育程度，等等，尤其是人们的观念，如婚姻观、生死观等对人口增长的影响。”老师抛出最后一个话题。对于视障学生来说，这可能是一个比较沉重的话题，也是一个敏感的话题。

“让我们讨论一个我们自己的问题：你的生育观、婚姻观和生死观是什么？”老师希望学生面对现实。

“同学们可以畅所欲言，老师不对任何观点给予评价。”为了让学生说出自己的真实观点，老师接着补充道，“你说的观点，可能是你今天此时此刻的观点，也可能随着时间的推移，你的观点会变化，或者听了其他同学的观点，或者伴随着自身的学习、成长和成熟，你的观点也会发生变化。”

几分钟的沉默，没有人主动发言，但通过表情可以看出学生们心中不是沉

静的。

“我的生死观是顺其自然。活着就好好地活着，高兴、快乐、充实地活着。死了，也没有什么遗憾。我的婚姻观是25岁之后结婚，要找到一个性格合得来的人。我的生育观是不要孩子，太麻烦。”一个快言快语的女生第一个发言道。

“老师，我的生育观也是不要孩子，如果要有遗传的话，我不想给社会添麻烦，也给自己添麻烦。我已经给爸爸妈妈增添了很多的麻烦。”一个平日里很温顺的女生迫不及待地插话，还有几个学生随声附和。

“我的婚姻观是不找视力正常人，将来地位不平等。”春说。她的视力其实还比较好。

“我的生死观是不死在爸爸妈妈的前面，那样的话很不孝。他们为我付出了很多。”平日看起来大大咧咧的男生浩说。

“很孝顺嘛！”老师肯定地说。

“一个人活在这个世界上是有价值的，我觉得我要活得有价值，实现自我价值。我将来不管上不上大学，学不学按摩，我都不会从事按摩这个职业，我要做自己感兴趣的事情。”兴趣广泛的宝说。

“要说做自己感兴趣的事，我同意。但是，我觉得不现实，按摩即使自己再不喜欢，可是起码可以自食其力，自己养活自己。”林说得很现实。

“我就是喜欢按摩，中医博大精深，我喜欢。”谭说。

“我喜欢小孩子，我的生育观是想要十个孩子，可是我知道国家计划生育政策不允许。”民说。其他学生轰然而笑。

“养这么多的孩子，烦也烦死你！你养活得了他们吗？你妈养你一个就够烦的了，你还要生十个！”同学笑着反驳他。

“我就是喜欢小孩子，一个人很孤单的。我的职业理想是做个老师，教孩子们读书，我会是个好老师。当然，我的婚姻观是找个视力好一点的，可以照顾我的饮食起居。”

“生死有命，但是，活着一天，就要快乐地活一天。上天让我活着，必有其深意，我要珍惜每一天，珍惜每一个瞬间。”绰号“哲学家”的爱说，“婚姻嘛，遇到了对的人，就结婚。孩子嘛，一个就好，也不违反国家人口政策。”

“我要在事业有成的时候再结婚生孩子，大概在40岁之后。没有经济基础，养活不了一家人。”聪很现实地说，“不过，我努力争取30岁事业有成。”

……

学生们的心打开了，话题也就更放开了。每个学生的脸上都是兴奋的，老师没有想到学生如此地乐观和开朗。

五、课后小结

每个人心里都有他们不愿意去触碰或者正视的东西，看似是越不过去的坎，其实，只要说开了，面对它，就没有越不过去的。视障教育学校的学生因为有视力障碍，给他们的生活和学习带来了很多的不便和困难，但是他们不自卑，勇敢地面对现实，乐观向上。他们是社会的普通一员，但又是有特殊需要的一员。他们会像正常人一样实现自己的理想，过幸福的生活。

结合课堂学习内容，对学生的心理进行疏导，是视障学生心理健康教育与辅导的主渠道。

（本课例由青岛市盲校张蕾老师提供）

课例2：七年级语文《山中访友》

一、教材分析

《山中访友》是一篇构思新奇、富有想象力，充满童心和好奇心的散文。作者“带着满怀的好心情”，走进山林，探访“山中的众朋友”，与“朋友们”互诉倾心，营造了一个如诗如画的童话世界，表达了在放松心情下对大自然的热爱之情。在教学中，根据学生的视觉特点，采用“心理冥想”的方式，让学生融入自然，感受大自然的欢快和旺盛的生命力，体验融入自然的愉悦感觉。

二、学情分析

由于视觉障碍，视障学生缺乏视觉表象，无法想象散文中描写的各种景物。创设情境，以音乐开拓全盲学生的想象空间，以朗读、冥想的方式，调动学生学习的积极性，促进学生对课文意境的理解。

三、学习目标

1. 知识目标：理解、积累“玄奥、唱和、德高望重、津津乐道”等词语。

2. 能力目标：有感情地朗读课文，培养景物描写的能力。

四、态度和情感目标

1. 体会作者所表达的对大自然的热爱之情。

2. 在音乐中尝试着与大自然融为一体，放松心情，感受自然与生活的美，体验愉悦的感觉。

五、教学重点

品味赏析栩栩如生的景物描写。

六、教学难点

展开想象，体会到人与大自然物我交融的心境和愉悦的感觉。

七、教学方法

朗读法、冥想法。

八、教学过程

（一）引入课题

以古诗《寻隐者不遇》引入本课题《山中访友》。

（二）介绍学习目标、态度和情感目标

（三）检查字、词预习情况

（四）感知课文，理清思路

学生边听配乐朗诵边摸读课文，去找找你最喜欢的山中朋友，说说你为什么喜欢它？

生 1：我喜欢古桥。（深情的朗读）“你把多少……灵魂。”这几句的特点在于一个“老”字，像慈祥的老爷爷，无言地唱着历史的歌，总是默默的为人民服务，他宁愿自己永远保持同一种姿态。我喜欢他那种坚忍的意志。

生 2：我也喜欢古桥。我特别想与他交朋友，因为世间万物在转瞬间都是千变万化的，唯有他仍矗立在潺潺的流水上，散发着古老而坚韧的气息，世间的一切都改变不了他那庄严的姿态，岁月使之渐渐衰老，不再富有往日的活力，但正是这种岁月的磨炼能把坚韧与豁达给予他。

师：说得真好！同学们的真情告白，让我们感受到古桥平凡而伟大的灵魂。还有哪位同学说一说？

生3：我最喜欢的是“你好呀，悬崖爷爷……”悬崖爷爷虽然没有花仙子们美丽，没有溪流妹妹清澈，但他那种无杂念的心境深深地印在我的脑海里，他那么高大，充满着智慧，从他身上我明白了做人要如悬崖一样，永远保持平和良好的心态。

生4：我喜欢瀑布大哥，他雄浑的男声……从古唱至今，不知疲倦，不求回报，他这种无私奉献的精神与现代社会一些走穴的歌星，形成鲜明的对比。

生5：我喜欢白云大嫂，作者把白云的纯洁比喻成白衣天使，使我感到生动亲切，并且作者运用拟人的手法写出了白云用自己的身躯为天空增添活力，使我仿佛感到白云有了思想，有了生命，而且是一位热情的大嫂，有无私奉献的秉性。

师：从大家刚才的交流中，我们不仅感到了山中朋友的美丽，而且得到了许多珍贵的启迪。相信大家已经深深地体会到了，作者带着满怀的好心情，走进山林，看了一路的美景。可作者为什么说是“山中访友”而不是“林中观景”？

生1：我们认为“山中访友”能体现作者热爱大自然，崇敬大自然的情怀，把大自然当成自己最亲密的朋友和无话不谈的知音，而“林中观景”让人感到没有活力，不亲切。

生2：我的观点与他们差不多，因为作者在写作时，已经到了物我交融的境界，景物的美在他眼里已经成了一个个玄奥而善良的思想，作者对大自然的喜爱程度，已经远远不是只用眼睛去观赏他的外表，而是用心在交谈。

生3：我认为“山中访友”比“林中观景”更富有丰富新奇的想象，它把我们带进了那童话般的世界，似乎我们也随着作者变成了一棵树，体会到了人与自然那物我交融的心境，我们与大自然是这样的贴切，甚至融为一体，又怎么不热爱自然、热爱生活呢？

（五）冥想、体验

师：作者把自然界的景物当成自己的朋友，与大自然融为一体，现在就让我们也体会一下这种与自然融为一体的感觉。

引导语：（教师播放音乐）请同学们慢慢闭上眼睛，放松自己的身体。请大家想象：我们一起进入森林，放眼望去到处都是郁郁葱葱的，阳光照在大地上，你变成一棵大树，慢慢长出根须，深深扎进泥土和岩层，体会这种感觉。你再深深一口气，去呼吸地层深处的元气，头发也慢慢地长成树冠，手指也变成树枝，感受你内心巨大而旺盛的生命力，体验你与大地融为一体的美妙感觉，你吸收着大地的营养，同时你的活力和生命力也滋润着大地，静静的体会这种深深的连接。

学生分享感受。

师提升：为什么我们跟自然融为一体，能够体验到这种愉悦、活力的感觉呢？有一个心理疗法叫“生态心理疗法”。就是回归到大地自然，能使自己的精神生命，得以在大地自然生态活性能量整体中复活与修养，从而成为大地自然生态精神能动整体的一部分，这个时候，作为个体自我心灵，如鱼儿得水，一切痛苦、烦恼、不安等等也将减少或不再发生与继续。所以，刚才我们在冥想中与树融为一体的时候才会产生这种愉悦、活力的感觉。希望我们以后也能多走进自然，与自然融为一体，从而让我们的心灵得以放松和修养。

（六）拓展延伸

师：（播放音乐）请大家把听到的、感受到的、想象到的，口头描述出来，让我们集思广益，看看哪一组想象最丰富，语言最生动。

生 1：我仿佛听到了风精灵带着一阵花香飞来了，在树林间穿梭、回旋，每一株树都被这奇异的味道所陶醉，树枝有节奏地摆动着，白云见了忍不住要与他们共舞，呼唤着他们的女儿——雾来完成这个心愿。

师：这一组想象很新奇，他们的描述让我们感受到一股清新的山风扑面而来，闻到了山野间飘来一阵阵花香。

生 2：我看到阳光，它射进树林。大树爷爷翠绿的叶子尖刀，将阳光裁成许多块，送给小鸟们，送给小草，送给每天陪伴树爷爷的小蘑菇。鸟儿们收到树爷爷的阳光，歌声更宛转；小草收到阳光，把阳光当做被子，盖在身上，伸伸懒腰，渐渐入睡。

师：这位同学描述得很生动，充满童心童趣。

生3：我感受到了潺潺的溪水，平静而柔和。忽然，一块巨大的岩石挡住了溪水的去路。这下小溪急了，用整个身躯与岩石搏斗，一块块岩石霎时间撞碎了，咚咚的回声漾出连绵的旋律。

生4：听了悠扬旋转的音乐，似乎自己真的生了一对翅膀，拍打着飞向那葱郁的白桦林。蓝宝石一样的天空中漂浮着雪一样的白云，是无忧无虑地飘着。在天空中飞翔，真舒服。喳喳的云雀在空中飞过，似乎对我说："小鸟，小鸟，我的好妹妹，你在城市生活得好吗？快点回来吧，湛蓝的天空依然等着你……"

师：这位同学想象自己变成了小鸟，听到了小鸟的窃窃私语，文美，情更美。

（七）结束语

同学们的想象丰富，语言生动，美丽的山间风景，带给我们清新愉悦的享受。作者生动优美的文章，让我们饱览了山中的无限风光，带领我们接受了一次心灵的洗礼，心情也变得愉悦和幸福。同学们，让我们多亲近自然，与自然为友，与爱与美常伴！

九、心理点评

《山中访友》是一篇非常优美，且让人感觉心情舒畅的散文。教师捕捉到了这个信息，在教学中不仅完成了语文教学任务，还让学生透过文章充分体验了愉悦、放松、活力的感觉。从听完录音后，王老师就引导学生去体验并表达自己的这种放松而愉悦的心情。这种体验表达不仅让这种愉悦的情绪在同学间蔓延，也让这种情绪在整堂课中延伸，起到一种积极心理暗示的作用。尤其是教师通过引导学生冥想去体会人与自然融为一体的感觉，去体验在自然中放松心情的愉悦，通过这种通俗易懂的方式教给学生一种心理疗法——生态心理疗法，这一部分心理渗透做得非常妙，又发人深省。

我们知道，从记忆规律来看，图像会有助于理解，而理解的内容更有助于记忆。视障学生看不见图像，但老师引导他们去想象图像，教会学生间接地利用图像帮助自己理解课文的方法。这部分的心理渗透，不仅达到了心理方面的目标，还有利于学生更好地去理解课文，更好地体会作者的心情和描写的意境。想象着场景朗诵课文，更有助于学生对全文的把握和对学生想象力的培养。

（本课例由青岛盲校王金燕老师提供）

课例 3. 高中化学选修 4《盐类的水解》教学设计（第一课时）

一、教材分析

盐类的水解这部分内容，是学生在学习了酸、碱、盐的性质，电离平衡，水的电离平衡等知识之后学习的。教材内容有大量分析、总结。重点是在对比实验的基础上分析盐类水解的本质，难点是把盐类水解的本质用方程式表达出来。学生经过初中和高中两年的化学学习，已经具备了一定的实验操作能力和实验分析能力。

二、知识与技能

1. 学生理解盐类水解的本质及盐类水解对溶液酸、碱性的影响及变化规律。

2. 盐类水解的离子方程式与化学方程式。

三、过程与方法

1. 通过合作实验、合作分析得出结论，进一步培养学生的实验技能和合作学习的能力。

2. 通过应用水的电离平衡移动分析实验现象得出结论的过程，使学生进一步体会透过现象看本质。

四、情感态度价值观

1. 保持和发展实验探究学习化学的好奇心和探究欲，进一步发展学习化学的兴趣和热情。

2. 通过对盐类水解规律的总结，体会自然万物变化的丰富多彩。

五、教学方法

启发式实验引导法。

六、课前准备

低视力、全盲学生搭配分组，每组三人；分组实验所需的药品、器材。

七、教学过程

（一）复习提问

1. 盐酸、氢氧化钠溶液分别显什么性？$c(H^+)$ 与 $c(OH^-)$ 的关系如何？pH 范围是什么？

2. 猜测一下碳酸钠、氯化铵、氯化钠这些盐的水溶液显什么性？有什么办法来验证你的猜测？

（二）学生分组探究实验

1. 给学生提供碳酸钠、氯化铵、氯化钠晶体，蒸馏水，酚酞试剂，紫色石蕊试剂，pH 试纸，试管，药匙，滴管等实验用品。

2. 小组讨论设计实验步骤，选择实验用品准备实验。

3. 实验操作：有的小组把三种盐溶解，然后分别滴加酚酞试剂、紫色石蕊试剂检验；有的小组把三种盐溶解，然后分别用 pH 试纸检验。

4. 交流实验结论。

（三）讨论分析

由上述实验结果分析，盐溶液的酸碱性与生成该盐的酸和碱的强弱有什么关系？

讨论结论：盐的组成与盐溶液酸碱性的关系：

1. 强碱弱酸盐的水溶液，显碱性；

2. 强酸弱碱盐的水溶液，显酸性；

3. 强酸强碱盐的水溶液，显中性。

（四）激发学习兴趣

为什么不同类盐的水溶液酸碱性不同？比如为什么 CH_3COONa 水溶液会呈碱性呢？

问题启发引导学生分组讨论：

1.CH_3COONa溶于水，溶液中存在什么电离平衡？溶液中存在什么离子？

2.CH_3COONa溶液中有没有两种离子间可生成弱电解质的？

3. 生成弱电解质后，会使什么离子的浓度减少？会使电离平衡发生怎样的移动？造成什么结果？

4. 能不能用化学方程式把结果表达出来？

（五）讨论总结

CH_3COONa溶于水完全电离成CH_3COO^-和Na^+，溶剂水是极弱的电解质，在溶液中存在$H_2O \rightleftharpoons H^+ + OH^-$的电离平衡，$CH_3COO^-$和$H^+$会结合生成弱电解质$CH_3COOH$，使$c(H^+)$降低，导致水的电离平衡向正反应方向移动，从而生成更多的OH^-和CH_3COOH，使溶液显碱性。这个过程可用$CH_3COONa + H_2O \rightleftharpoons CH_3COOH + NaOH$表示。

（六）小组讨论

在没有问题引导的情况下，讨论为什么NH_4Cl水溶液会呈酸性呢？

学生汇报讨论过程和结论。

（七）教师强调

1. 盐类水解是可逆反应，写方程式要用“$\rightleftharpoons$”。

2. 一般盐类水解程度很小，生成的弱酸或弱碱浓度很小，通常生成的气体或沉淀也不发生水解，书写时产物不用“↑”和“↓”。

3. 多元弱酸生成的盐水解时，生成弱酸过程应分步表示，以第一步为主。

（八）师生共同总结

盐类水解定义；盐类水解的本质。

八、课后小结

实验是学习化学和实验教学的基础，实验是激发学生学习兴趣、启发学生思考的最佳契机。视障学生同样可以进行化学实验。他们通过分组实验或独立完成实验，参与实验设计、实验操作、实验数据记录、实验结果分析等。在实验的过程中，他们积极讨论，充分调动听觉、触觉和残余视觉，认真动手操作。传统观念认为视障学生不能做的实验，但现在他们能成功地完成，这对他们来说可形成非常大的心理满足，有助于他们的心理健康。因此，在教学中创造条件让视障学生分组实验、探索实验，我们责无旁贷。

（本课例由青岛市盲校葛玉萍老师提供）

第二节　校本课程中的心理关注

什么是校本课程？校本课程是相对国家课程而言的，是一个比较笼统、宽泛的概念，主要是由学校教师编制、实施和评价的课程，或几个学校教师合作编制的课程。国家课程与学校课程相比，呈现出更加多样性的特征，也更贴合学生的实际，更能彰显学校的办学特色。

校本课程是学校课程的重要组成部分，是根据学校特色发展和学生个性化发展需要而设的课程，是视障教育学校教育教学改革的重点。

一般来说，视障教育学校的校本课程分为：国家课程的拓展课程、国家课程的改编课程和根据视障学生的兴趣爱好及其发展需要而开设的课程。

校本课程的形式多种多样，有的以必修课的形式进年级课程表，有的以选修课、活动课的形式开展，有的以个别化训练的方式进行。

一、校本必修课中心理关注的实施

在校本课程的建设与实施过程中，校本必修课程以其规范的管理和组织实施的有效性高而著称，对视障学生心理健康有着不可替代的作用。如器乐课、健康教育课、青春期教育课等切合学生生理、心理发展实际和学生的兴趣爱好，使学生获得知识的同时，也体验着成功和快乐。这些课程对学生的心理健康发挥着重要作用。

如青岛盲校在全校各个学段开设健康教育课和心理辅导课，并辅以个别辅导、团体辅导等形式，全面关注学生身心健康发展的需求。同时，在心理健康教育与音乐欣赏联动方面做了有益的探索，在高中部开设“音乐的情感表现”和“乐舞与身心健康”等必修课程，深受学生的欢迎。

【案例】

乐舞与身心健康

一、教学目标

1. 在不同风格的音乐与舞蹈中，调整自己的心理状态。

2. 在积极的心理暗示中提升自信。

二、教学重点

在欢快激昂的舞蹈中释放压力与情绪，并在积极的心理暗示中提升自信。

三、教学难点

在积极的心理暗示中提升自信。

四、授课班级

高三。

五、教学过程

（一）复习：在舒缓的舞蹈中放松身心

1. 舞蹈中放松：芭蕾手位

栾老师播放音乐，学生随音乐起舞。

薛老师说放松指导语：

双脚呈八字形站立，双手自然下垂。闭上眼睛。放松，深呼吸，深深地吸一口气至下腹部，再慢慢的呼出来。放松，体验这种放松与舒适的感觉。随着音乐慢慢起舞，手部的动作将让你进入更加放松的状态。想象自己来到了一个非常美丽的地方，是你一直想去的地方，或许是一片草原，一望无际的草原，旁边还有一条小河；或许是大海沙滩，你在沙滩上踩着细细的沙子；或许还有花，你最喜欢的花；或许是你想去的另外一个美丽的地方；或许你什么也不想，随着音乐慢慢起舞，每一个动作都让你更放松，每一个动作都让你的心灵更宁静，更舒畅。

2. 分享感悟

薛老师提升：刚才在舞蹈中你想到了些什么？有什么样的感受和体验？跟

左右两边的同学交流分享一下。

班级分享。

薛老师讲解放松小常识。

（二）新课：在欢快的舞蹈中释放压力

衔接语：刚才的舞蹈让我们身心放松，让我们的心灵恢复宁静，但生活中我们也可能会有些不良情绪和压力，如果这种压力不能通过恰当的途径释放，可能会影响我们的心理健康。现在就让我们学习通过舞蹈这种比较轻松的途径来释放自己的不良情绪和压力。之前我们一起学习了“十六步”舞蹈的基本动作，今天我们重点体会一下怎样应用它释放压力。下面我们先回顾一下“十六步”的舞蹈动作。

1. 熟练十六步的动作

栾老师讲解，薛老师辅助纠正动作。

① 分解动作；

② 栾老师喊着节奏做一遍；

③ 两人一组练习，教师个别辅导；

④ 跟随音乐做一遍：薛老师播放音乐，栾老师喊节拍。

2. 分享体会

提问：当你忘情地沉浸在音乐与舞蹈中时，你有什么样的感触？跟左右两边的同学交流分享。

栾老师：有音乐和没有音乐有何不同？

学生回答。

薛老师提升：伴随音乐舞蹈，你能体会到身体和音乐合二为一的感觉，从而也能体会到身心合一的感觉。有的同学可能体会不到这种身心合一的感觉，因为你的身心还不同步，没有和谐统一。大家想，当同学之间关系不和谐时会怎样？矛盾，对立？同学之间有矛盾搞对立，你会有什么感受？坐立不安，无所适从？这样怎么能好好学习，快乐生活？下面我们再跟随音乐跳起“十六步”，动作不熟的同学可以只做前四拍的动作，体会身体与音乐合二为一，身心合二为一的感觉。

师生在欢快的音乐中，随意地起舞。

（三）提升：在积极的心理暗示中提高自信

衔接语：刚才的舞蹈中，我们体会到了压力的释放和身心合一的和谐，最后就让我们在一首激昂的音乐中激发自信。

1. 在音乐中激发自信

全体起立，手拉手围站。闭上眼睛，放松，深呼吸。一起欣赏《相信自己》

同学们，相信自己，你是最棒的；相信自己，你一定能行，一定能行。我相信你，老师们都相信你，你一定能行，请你也相信自己。现在每个人用你的左手轻轻地握一下你同学的右手。同时你的右手也感觉到了右边同学握了你一下，于是你好像接收到了一股力量和自信，这股力量和自信在你身体内流动，流动，去体会一下这种自信的感觉。当你体会到了这种自信和力量时，请再用你的左手握一下同学的手，于是这股能量在我们同学之间传递，我们每个人都感受到了这种自信和力量。同学们，相信自己，你是最棒的，你一定能行。在心里默念：我一定能行，我一定能行。

带着这种自信和力量，让我们慢慢醒过来，睁开眼睛。同学间可用肢体动作或语言来表达自己的感受。

2. 分享体会

每人对自己说一句自我鼓励和积极暗示的话分享体会。

（本课例由青岛市盲校栾松、薛梅老师提供）

二、选修课、活动课中心理关注的实施

选修课、活动课是一种集自主性、开放性、创造性、综合性、社会性、实践性等特点于一体的新型课程，其内容与形式丰富多彩。选修课、活动课的开设，就是让学生在校内除完成规定的必修课之外，以课堂教学为依托，通过有目的、有计划、有组织、形式多样的教育活动，发展学生个性特长，改善学生知识结构，继而提高学生的综合素质。

如青岛盲校于1997年制定了《关于实施素质教育的意见》，其中提出了“搞

好课程改革，重视选修课、活动课、劳技课教学”的具体要求，同时制定了《关于落实选修课、活动课的几点意见》，对选修课、活动课开设的原则、要求、成绩评定、教学地点和时间安排等做了详细的规定，促进了选修课和活动课的有效开展，保证了教学质量，有效促进了学生的个性化发展和特长发展，培养了学生多方面的兴趣爱好。

多年来，青岛盲校一直坚持让学生参与选修课、活动课建设的全过程。每学期末，每位任课教师以教研组为单位申报下学期拟开设的选修课、活动课名称和课时；学期初，老师们对学生的需要做出评估，开发最能切合学校实际和学生教育实际的选修课、活动课，写出相应的教学纲要、教学计划以及用于开学前两周的备课笔记，并在学期开学一周内给学生宣讲课程的目的、意义以及主要内容介绍。然后，学校根据学生选课情况决定开设什么课程，一般6名学生以上选择的课程就会开设。也就是说，开设什么课程，学生的选择是开课的决定因素。选课的过程，就是对学生自信心和自尊心等心理素质培养的过程。最后，学生根据学校开设的课程，进行自主选修。因为，这个选修课是教师根据自己的特长自主自愿给学生开的，也是学生自主选择的，所以学生和教师的热情都很高，也取得了很好的效果。

多年来，青岛盲校开设的选修课和活动课可以分为以下几类：

1. 兴趣类：盲人门球、益智童话、小说欣赏、有趣的绕口令、角色游戏、校园集体舞、盲人乒乓球等。

2. 爱好特长类：朋辈心理咨询指导、心理健康、计算机的基础应用、社会交往与心理咨询、纸编花灯、校园广播站、钩针编织、日常英语等。

3. 学习拓展类：依托语文、数学、英语、物理、化学、政治、生物、地理、历史等国家课程，开发阅读课、说话课、口算课、经典诵读、课本剧表演、健康教育、各科学法指导、魅力青岛、英语角、中国戏剧、中华诗词、研究性学习等。各学段的学生通过这些校本课程的学习，不仅树立起学习的兴趣和信心，而且提高了各学科课程的学习能力和知识运用能力。

4. 时事类：时事与政治、白色污染对环境的影响、国际政治经济、中国生态环境状况等。

5. 乡土类：青岛地理、青岛旅游、青岛人文地理与政治文化探究等。

学校每周都举办英语角活动，帮助学生提高英语实际运用能力。多位外教的参与为学生黑暗的世界开启了一扇新的窗户。英语角活动除传统的主题对话、讨论等，还有丰富多彩的英语游戏，如英语短剧、字母拼词、猜词等。英语角活动使同学们在轻松的氛围中学到更多的英语知识。

图 3–1　英语角

美工兴趣活动小组里，有的学生跟着老师学习水彩画、油画，有的学生与老师一起做串珠、剪纸、叠纸鹤等适合盲生的美工作品，有的学生跟着老师一起洗衣、做饭，等等。这些贴近家庭生活、学校生活和社会生活的内容，不仅富有情趣和启发性，而且需要动手操作，学生的动手能力、审美能力不断得到提高。

盲人普通高中班，除了开设语言与文学、数学、人文与社会、科学、技术、艺术、体育与健康等高中必修课程外，还开设了限定性选修课以及学校课程，如：心理健康教育、礼仪、社会交往、定向行走、海洋教育（海洋生物、海洋化学、海洋物理、海洋地理等）、中国传统文化（中国戏剧、传统节日、中华诗词、诸子百家、魅力青岛）、人生规划与职业规划等课程。开设的自主性选修课程有：古埃及古希腊中国文化遗产、中国古典文学名著《红楼梦》赏析、《新概念英语》选讲等。

此外，在高中各年级开设研究性学习课程，学生们用老师教授的研究方法，采取小组合作的形式，通过网络查询、访谈请教、街头调查、实验探究、讨论研究等方式进行学习，学生在老师的指导下完成一个又一个研究性学习课题，研究的领域涉及语言文学、人文社会、科学、数学、技术等领域，不仅拓宽了知识面，提高了自主学习的能力和研究性学习的能力，还提高了自信心和社会适应能力，并取得了丰硕的成果，其中部分成果如下：

2002年4月，王慧文《田园风光》在“青岛市中小学废品雕塑比赛”获优秀奖。

2003年，在“青岛市第三届少年儿童双语（英语和普通话）讲故事大赛”中，初二的游杏同学、初三的王雪同学和高一班的朱智同学获得“优秀表演奖”。

2003年，郭林刚同学的《可爱的一家子》获“青岛市特殊学校学生美术大赛”视障类一等奖；初三全体同学的《小挂毯》、庄永辉同学的《我们眼中的世界》获二等奖；庄永辉同学的《扬帆奥运》、曹锦华同学的《菠萝》获三等奖。

2003年，席艳萍同学获得青岛市市北区“我是团员，我光荣”演讲大赛一等奖。

2004年10月，梁江波、白明晰、李笑同学获得“青岛市首届盲人艺术节朗诵比赛”一等奖；韩织优同学获得二等奖。

2005年12月，王玥同学获得“双星杯”青岛市中学生“我是团员，我光荣”演讲比赛特等奖。

2006年，张云龙同学的网页作品《美丽的威海》，荣获“青岛出版社杯”信息技术竞赛网页制作类二等奖。

2008年9月，刘竞同学获“2008百年奥运·中华经典诗文”朗诵大赛最佳人气奖、初中组一等奖；岳雷同学获高中组一等奖。

2010年，学校获得“青岛市第七届英语口语大赛”团体一等奖和最佳组织奖，高沛友同学获得特等奖，黄嘉浩、王澍、王秋懿同学获得一等奖，王彦龙、黄振、肖余商同学获得二等奖。

2010年12月，学校出版了青岛盲校学生优秀作文选，其中汇集了在校各年级学生的优秀作文，其中不乏英文作文。爱好文学的学生还参加了“青岛市小作家协会”。

2012 年 5 月 26 日，高一（1）班喻妍同学获“I World！爱·世界—沃尔得杯”青岛市首届中学生外语演讲比赛职高组一等奖等等。

选修课、活动课的开设立足学生，深受广大视障学生的喜爱。学生通过选修课、活动课的学习，发展自身个性特长，改善自身知识结构，弥补自身素质中的某些不足。通过学习知识、参与活动，与明眼学生及社会更多地融合，视障学生自信心增强，性格更加乐观、开朗、豁达。

三、校本课程建设与实施中须注意的问题

1. 由于视力残疾，可能会遭受来自外界的打击，甚至来自家庭的不正确抚养，部分学生有不同程度的自闭、恐惧、自身性格扭曲、没有人生目标追求等，严重影响其健康成长，因此在校本课程中要特别给予学生心理的关注，开设心理辅导和健康教育课程。

2. 要充分发挥校本课程尤其是选修课、活动课的开设与实施对视障学生心理健康的影响力，必须充分发挥学生的自主性，提高课程的趣味性和有效性。

3. 校本必修课按照规范进行教学管理，能够保证课时，保证质量。但是，选修课、活动课往往会因为学校临时安排的事情过多而挤掉很多课时。因此要保证选修课、活动课的效果，应该像重视必修课程一样重视校本课程，确实保证开足课时，有了课时才能保证质量。当然，提高到教育的层面来认识这个问题，这也是对学生进行诚信教育的一个方面，学校守信，教师守信，学生的诚信意识在潜移默化中也会得到提高。

4. 校本课程建设，要重点突出学生综合素质的提高和学生的个性化发展，拓展学生的学习空间，满足学生不同禀赋、不同兴趣特长的要求，让学生富有个性、张扬智慧地发展。同时，要凸显学校教育教学特色，促进教师潜能的发挥和发展。

5. 让生命教育成为托起视障学生心理健康的平台。生命教育，是关注生命的教育，它将教育回归至教育的原点。在视障教育学校校本课程的开设和实施

过程中，要做到始终关注人，关注人的生命，尤其是关注视障学生个体，不仅关注其生命长度，更关注其生命的质量。

【案例】

主题 1：成功的心态（自主性选修课程）

一、参加范围

高中一年级、高中二年级学生，16 人。

二、教学形式

讨论、交流式教学。

三、教学内容与过程

（一）小组讨论，并写出你知道的心态

第一小组：乐观心态、悲观心态、平和心态、自私心态、挑战心态、虚假心态、节约心态、平凡心态、随意心态等，共 24 个心态。

第二小组：攀比心态、从众心态、懒惰心态、虚荣心态、多疑心态、逃避心态、完美主义心态、优越感、自我中心、变态、仇恨等 22 个心态。

第三小组：积极心态、宽容心态、报复心态、虚荣心态、自私心态、幸灾乐祸、与世无争、自以为是、唯恐天下不乱、无所谓、争强好胜等 21 个心态。

（二）在写出的心态中，找出积极的心态和消极的心态，并分别数一数有几个

第一小组，15 个积极的心态，6 个消极的心态。

第二小组，2 个积极的心态，20 个消极的心态。

第三小组，6 个积极的心态，15 个消极的心态。

（三）写出你认为的九大成功的心态

第一小组：自信心态、乐观心态、大局观心态、理解心态、勇于挑战心态、创新心态、坚持心态、自醒心态、魄力心态。

第二小组：自信、乐观、创新、周密、冷静、大度、进取、友爱、感恩。

第三小组：自信、乐观、处变不惊、宽容、积极、思虑周全、感恩、坚持不懈、挑战、责任、创造。

教师参与：学习心态、归零心态、积极心态、付出心态、坚持心态、合作心态、谦虚心态、感恩心态、负责心态。

（四）全体成员交流、答疑

生：什么是归零心态？

师：就是不管做过什么，得到过什么，失去过什么，都归为零，也就是都忘记它。

生：为什么要有归零心态？

师：一个人从出生到死去，发生过很多事情，每件事情都记住会怎样呢？

生：就是一个计算机，被记忆填得满满的。

生：累死他（她）了。

生：脑子里没有空间考虑发展的问题了。

生：做过的、成功的事情总忘不了，也没有动力向前走，容易躺在功劳簿上睡大觉。

生：不好的事情老是忘不了，郁闷死了，也可能疯了，除非他是机器人。

教师和学生们都笑了。

师：归零，是必需的。

生：为什么要感恩？

师：学校和班级都经常进行感恩教育活动，大家说说为什么要感恩呢？

大多数学生面面相觑。

师：看来，感恩教育白做了。

师：假如，你是一个学徒工，师傅不厌其烦教导你，你是感恩呢？还是不感恩？怀揣感恩的人，总认为师傅不管做什么说什么都是为自己好，因此会虚心受教。师傅呢，看到孺子可教，知道感恩，因此越发悉心教导，徒弟则一日千里地长进，最后也成了师傅。反之呢？

生：反之，徒弟不知道感恩，就不会虚心学习，反而会觉得师傅管严了是苛责，管松了是不负责任，又有哪个师傅愿意教导他呢？徒弟，永远也出不了师了。

师：再比如，你上班的上司或老板，你知道感恩，他自然愿意指点你进步，甚至提拔你。换句话说，又有哪个上司或老板愿意指点一个忘恩负义的人？一旦指点了你，或提拔了你，岂不是他自己就要倒霉了，上司说不定要卷铺盖走人，老板也说不定要损失惨重甚至倾家荡产。这样的人，走到哪里，别人都会防着你，你又如何能成功？

师又问：假如有这么一个人，对你一直很好，很关心，给你的帮助很大。他为你做了 10 件好事，可是第十一件事他做错了，并非有意的。这件事情对你产生了不好的影响。那么，你今后如何认识、对待这个人呢？

师补充道：怀揣一颗感恩的心，会让你感到幸福，也让你遇到的人幸福。周围充满着幸福的人，会是一个幸运的人。永远不要忘记你生命中的贵人。

……

（五）每小组为自己小组起一个名字

第一小组，长山振子。

第二小组，幺聂杨喻（谐音：妖孽杨喻）。

（全体学生开心大笑，说名字的正是喻，捂嘴仍是笑出来，开心不已。）

第三小组，玲兴博。

生：老师，您的名字呢？

师：花开开花。花开，是我；开花，也是我。

四、课后记

课堂，是轻松的、愉快的，也是让学生有所感悟的。能触动人的心灵的教育，才是真正的教育。心态，决定一切。心理健康，才是真正的健康。

（本课例由青岛市盲校张蕾老师提供）

主题 2：wo99 伴奏搜索与下载

一、参加范围

七年级。

二、教学形式

操作、交流。

三、教学内容分析

在盲校信息技术教学中，网络及其应用是重点和难点之一，学生使用最为广泛。学校举行诗歌诵读会、歌唱比赛、迎新会及六一演出、元旦晚会等活动时，学生需要从网上搜索资料和下载伴奏音乐。在小学阶段，伴奏音乐主要由老师或班级信息技术能力强的学生来完成；到初中以后，这项技能需要变成学生的基本能力。将“wo99 伴奏搜索与下载”教学安排在“使用百度音乐或搜狗音乐来搜索并下载自己需要的音频”教学之后，这样符合学生的最近发展区，教学也会取得很好的效果。

四、教学目标

通过自主浏览、同伴及老师介绍，了解、熟悉“wo99 大型伴奏下载翻唱网站”；继续学习使用导学案开展自主学习，学会探究与合作学习，体验成功乐趣；识记操作步骤及细节，能够自己从 wo99 上搜索下载需要的伴奏。

五、教学方法

任务驱动；教师点拨、讲授与学生自主探究、合作学习结合进行；面向全体，注意特殊需要学生。

六、教学过程

（一）导入

1. 课堂常规：利用打字测试软件进行汉字输入练习。

2. 复习旧知，创设情境，导入新课，明确目标。

回顾总结，以开火车的形式说出“使用百度音乐或搜狗音乐来搜索并下载自己需要的音频”的操作步骤及注意细节。

（二）主体

1. 探索新知

任务一：尝试下载王菲演唱的“致青春”伴奏。

2. 学习新知

（1）打开新网页“wo99 大型伴奏下载翻唱网站 http://ok.wo99.com/”，浏览网页，了解网页结构特点。

（2）打开“wo99 伴奏搜索与下载导学案”，通读，对照百度或搜狗音乐的视频搜索与下载记忆操作步骤。

（3）自主操作，完成任务一。

3. 总结归纳

成功者与失败者分别总结归纳，教师小结。

再次打开“wo99 伴奏搜索与下载导学案”，通读并记忆操作步骤。

4. 巩固练习

任务二：下载自己需要的伴奏。可以向同伴或老师求助。

（三）课堂小结

学生总结，理顺操作步骤。

为导学案提修改意见，学习的升华。

附导学案

wo99 大型伴奏下载翻唱网站 http://ok.wo99.com/

操作步骤：

1.Tab 切换至“txt 可编辑文本”。

2. 输入歌名（关键词），回车，Tab 切换跳过很多个链接，切过歌名链接和歌手链接，找到“135 链接”，即试听。

3. 回车，链接试听。试听状态下，随时 Esc 停止。

4. 停止播放后，Tab 将焦点切换至页面中的“首页”链接。

5. 使用查找链接操作，定位到“中文名下载”或“直接点击或目标另存为”链接。

（操作方法：先用 Tab 切换找到“首页”链接，组合键 Ctrl+F，输入“目标”，回车，Esc 退出查找对话框，Tab 跟踪链接，正向或反向切换，定位到“中文名下载”或“直接点击或目标另存为”）

6. 回车后，打开“另存为”对话框，确认保存位置及文件名后下载。

七、案例心理分析

信息技术课操作性强、互动性强、交流性强，是盲校学生最喜欢的课程之一。在教学设计时，优化教学内容，在教学过程中，辅之以适当的心理健康教育的训练，能够使心理健康教育在“润物细无声”中悄然实施。

1. 进行合作式学习，培养学生沟通和交际能力

部分低视力学生认识汉字，能够利用电脑显示器来学习；全盲学生自主学习时只能通过读屏软件来获取信息。信息技术课上，教师要发挥视力较好的低视力学生的优势，为全盲学生提供视觉方面的帮助。同时也要警惕低视力学生利用视力优势，上课不专心听讲，基本功不扎实的情况发生。因此，在教学中让低视力学生和全盲学生结组，采取合作式学习，共同完成教师布置的任务，可以让低视力学生和全盲学生都较好地完成学习任务。

以上课例中主要有两处可以进行合作学习：一是通过合作学习，了解wo99网站的结构与内容特点；二是鼓励学快生指导学慢生来完成教师布置的下载伴奏的任务。通过伙伴间的交流合作，不仅能促进知识技能的学习，还有利于目标分享、信任与责任感等方面的社会学习。

2. 适度的失败心理体验是必要的

有心理专家总结，在孩子的内心，有三种不同的感受区域，并将之称为舒适区、挑战区和恐慌区。适度的失败可以激励孩子进入挑战区，发挥出其最大的潜力。对视障学生来讲，不威胁到其安全的失败尝试都是必要的心理体验。但失败体验务必要把握好度，过度的失败体验容易使学生陷入心理的恐慌区，适得其反。

由于视力障碍，视障学生学习和应用信息技术尤其是从网上获取信息，较明眼人难度大也更花费时间，因此课堂的学习效率也较低。以上课例的主要目标就是让学生能够通过学习掌握从“wo99大型伴奏下载翻唱网站”搜索并下载伴奏的操作。明眼人打开该网站会发现内容繁多，网页上充满了广告和无用链接，网页上的自主探究操作对全盲生来讲可能性几乎为零。所以，记忆并熟悉操作步骤是很关键的。教学设计时，会有许多学生不重视导学案，对导学案

一掠而过，在开火车说步骤的时候也是浑水摸鱼，直到接到任务开始自主操作时，才感受到挑战，这时才想到应该要好好记操作步骤。当然，后面要给学生留足够的时间修正自己。

3. 让所有学生体验成功，增强学习的自信心

本内容的安排，本身就是为了让学生能够有“别人能做到的，我也能行”的成功的心理体验，而在教学细节上，也要让学生有“只要我认真按规律来做，我也能成功”的感悟与体验，这样可以促使他们掌握正确的学习方法，从而有更多的成功心理体验。成功的心理体验可以增强学生的自信心，自信心是学生走向成功的重要精神力量。增强学生的自信心和学习兴趣，是学生有效学习的前提。

（本课例由青岛盲校包美玲老师提供）

第三节　视障教育学校的心理健康教育课程与教学

一、心理教育课程与一般学科课程的区别

1. 教学内容不同

一般学科课程侧重于知识的传授，而心理活动课既不是单纯心理知识的传授也不是单项心理品质的训练。它是在一种轻松、安全的课堂氛围中，让学生通过活动、情景体验等产生感悟，从而更好地了解自我、认识自我、接纳自我，提升心理素质。

2. 课堂教学形式不同

学科教学以讲授为主要形式，即使采取活动式教学，也是学生自身单个活动居多（如，学生看书自学、进行实验操作等）。学生之间、师生之间的交流互动不足，讨论局限于学科的知识，参与讨论的学生范围有限。

心理教育活动课以活动为主要形式。在班级中一般以小组为单位开展各种活动，主要有游戏、情景创设、角色扮演、讨论等方式。

心理教育活动课中的游戏和活动是根据学生的年龄和心理特点，根据心理教育的目标来选择设计的主题、活动形式和方法。

3. 学生在课堂中的地位不同

学科知识教学过程中，教师对知识拥有权威性，虽然近几年随着教育改革，师生关系发生了一些改变，但学生在课堂中还是处于被动学习的地位。

心理教育活动课中的师生关系是平等、尊重、信任、民主的关系。师生间互相商量课堂规则，以学生为中心，鼓励学生自主探索。

4. 评价的方法不同

学科课程的评价主要是以考试、考查作为主要形式，对学生知识掌握状况做客观定量评价。心理教育活动课的评价，以心理作品、教师观察、心理测验、问卷调查等方式对学生进行综合评价。

5. 教学目标不同

学科课程的教学过程是一种认知过程，主要是感觉、知觉、表象、判断、推理的过程，它着重训练学生对所学知识的概念、原理等本质规律的把握。心理教育活动课教学主要是对学生情绪的唤醒，注重学生的心理感受和心理体验。

二、视障教育学校心理健康教育课的教学目标

视障教育学校心理健康教育课（或称心理素质培养课）是一种以培养学生心理素质为目的的专门课程。其总体目标是：

1. 帮助学生建立理性的价值观念；
2. 帮助学生建立良好的自我观念；
3. 帮助学生建立和发展良好的人际关系；
4. 帮助学生提高调控情绪的能力；
5. 帮助学生提高耐挫能力。

三、视障教育学校心理健康教育课的教学内容

视障教育学校心理健康教育课的主要内容是普及心理健康知识，树立心理健康意识，了解简单的心理调节方法，认识心理异常现象，初步掌握心理保健常识，重点学会学习、做事、人际交往、情绪调节以及升学就业和社会适应等方面的常识。

根据视障学生的年龄特点，小学生重点可以放在适应和学习方面，初中生重点放在青春期教育、自我认知和人际交往方面，高中生重点放在升学、情绪调节、自我认同和人际关系方面，职业中专生重点放在人生规划、耐挫能力的培养及社会适应方面。

四、视障教育学校心理健康教育课的教学原则

视障教育学校心理健康教育课程应遵循如下原则，即遵循学龄儿童身心发展的规律和年龄特征，以提高学生的心理素质为基点，以趣味性、活动性为基本特色，将心理健康教育的意义蕴涵其中，使学生通过游戏和其他饶有趣味的训练活动逐步领悟到心理健康教育的重要性以及自我心理保健的途径和方法。

1. 平等尊重性原则

这一原则强调在心理健康教育课程教学过程中，教师应从平等尊重的立场出发，尊重学生人格，对所有学生一视同仁，尤其注意对低视力和全盲学生的态度，要让全盲学生意识到他们跟低视力同学一样受欢迎和有价值。

2. 全体性原则

活动的设计和活动过程要面向全体学生、鼓励全体学生的参与，尤其要鼓励不愿发言的同学，让他们也真正参与到课堂的活动中来，避免仅一部分活跃学生唱主角，冷落了另一部分同学。

3. 活动性原则

心理健康教育课不同于学科知识传授课，它是将知识融于活动中体现的，

这更符合中小学生的特点，便于教育训练内容的开展及目标的实现。

4. 体验性原则

该课程避免了概念化，关注学生的情感体验，注重情感的共鸣，让学生在活动中体验，尤其注意鼓励全盲学生也能参与到体验中。

5. 主体性原则

心理健康教育课在活动目标的确立、设计及实施中均可由学生参与，教师把学生摆在活动的主体地位，当学生主体地位得到体现时，学生在活动中才能积极主动。

五、视障教育学校心理健康教育课的教学方式与方法

心理活动课有三种基本的活动途径。

1. 认知法

一个人有什么样的行为方式及情绪情感体验，取决于他对情绪的认知反应。如果认知反应积极、正确，那么他的情绪情感体验也是积极的，采取的相应行为也是积极的；反之，情况则相反。

认知法就是引导学生学习正确的认知方式，通过学生的感知、想象、思维等认知活动实现活动目标。

① 故事联想式

引入故事。教师在活动开始或活动中，利用学生喜欢听故事这一心理，提供学生阅读或倾听的故事。

联想活动。通过学生的观念联想活动，训练学生的想象力和创造力。

② 讨论—澄清式

专题讨论。针对当前学生关心的敏感性问题、热点问题、困惑问题展开讨论。

脑力激荡。运用集体思考和讨论的方式，使思想观念相互激荡，发生连锁反应，以引起更多的意见和想法。

自由发言。在课程活动中，应营造一种自由、民主的氛围，让学生真正能

够畅所欲言。

2. 操作与情境法

通过提供、创设一些具体的情境，引导学生体验、感悟，通过言语和行为动作等实际活动来达到心理健康教育的目的。

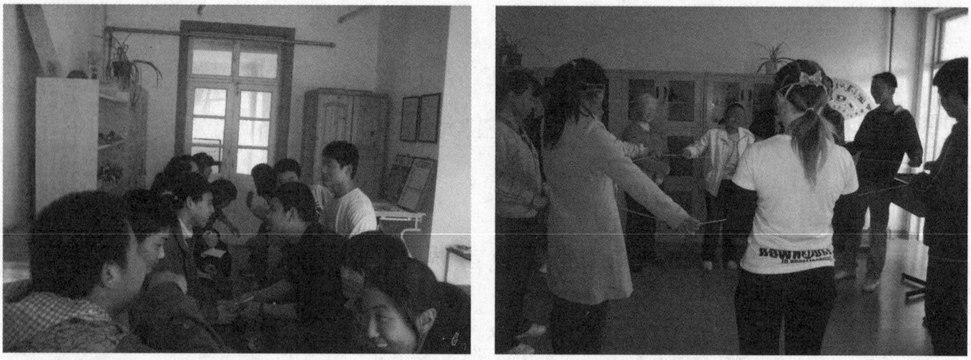

图 3–2　情境中体验

① 氛围法

人际氛围是指师生之间、生生之间通过活动，增进相互沟通和情感交流，形成一种相互关心、相互尊重、平等的关系。可利用录像、录音、电影多媒体手段，真实地再现某些生活场景，或感受优美，或感受人物的心态起伏。可利用音乐渲染或富有激情的语言描述，营造出与主题相映衬的生动气氛。

在活动中，让学生感到教师的真诚期待，这有助于帮助学生树立自信，教师也能切实体验学生的情感，引发情感共鸣。

② 作业法

通过让学生完成不同作业任务，培养学生认真负责、团结协作的良好品质。

③ 心理测验

根据学生实际需要，通过测验，如性格测验、兴趣测验等，帮助学生学会自我反省和自我分析，增强对自己的全面了解和认识，以促进学生的自我发展。

④ 表演

通过唱歌、跳舞等活动，增进同学间的彼此了解，并使之互相欣赏。

⑤ 讲演

通过讲演，训练学生的表达能力和应变能力，增进学生间的相互了解。

⑥ 角色体验法

根据活动需要，让学生扮演某一角色。学生要按角色需要进行思考、行动，从而体验该角色的思想、心理。通过角色扮演，学生可更清楚地认识到不同人物的思维方式及行为，进而增进自我认识，减轻或消除心理问题，发展良好的心理品质。

哑剧表演。辅导教师提出一个主题或一个场景，要求学生不用语言而用表情、动作表演出来。比如，让学生表演与新同学见面的情景，表演赞美别人、喜欢别人或讨厌别人的情景，以揭示内心活动，促进学生非语言沟通能力的发展。

空椅子表演。是一个人的表演。将两把椅子相对摆放，学生先坐在其中一把椅子上，另一把椅子虽空着，但假设坐着一个人(或是异性同学，或是另一位同学，或是老师，或是父母)，让该生先表演彼此间曾经发生过的对话，或心中所想的话，然后坐到对面去，扮演对方的角色以对方的立场说话，如此重复多次，增进学生对对方的了解，改善与对方的交往。

角色互换。与空椅子表演相似，但参与的人是两个以上。比如，辅导教师让一个学生扮演失败者，一个学生扮演帮助者。两人对话一段时间后，互换椅子或角色。

双重扮演。两个同学，一个是有问题的学生，一个是助理演员。有问题的学生表现什么，助理演员就重复表现什么。通过这样的表现，重复事实，帮助问题学生清楚地认识自己。

⑦ 游戏法

游戏是最受学生欢迎和喜爱的活动形式之一。它具有趣味性、自主性、虚构性、创造性、社会性(契约性、互动性)等特点。

一般游戏辅导的过程包括五个阶段：建立伙伴关系阶段，创设开放接纳的气氛，学会表露自己和倾听别人；共同承担义务阶段，学会与伙伴共同商议、执行任务、承担责任；相互信任互助阶段，在帮助别人和接受别人帮助中增进自我认识，学会彼此尊重；交流分享领悟阶段，交流领悟合作的价值，分享成功的体验和在游戏中产生的友谊感、成功感等各种真实感受；正确认识自我阶段，找到现实的我与自我概念的距离，萌发改变自我的愿望，建立新目标。

3. 行为改变法

行为主义关于行为强化的学习理论认为：通过奖惩等强化手段可以建立新的、良好的行为或消除某些不良的行为。

① 示范学习

这是一种借助模拟来习得或掌握新行为的方法。辅导教师自己或选择某方面行为优秀的学生起示范作用，示范对象在学生中具有权威的形象，学生模仿他们的良好行为从而获得良好的行为。学生在模仿了好的行为后，应该得到及时的强化，如表扬、激励，反之，则应受到一定的惩罚。

② 行为训练

教师在使用这种方法时，应指定学生完成一些行为训练的任务。

在活动中，上述几种活动模式是交叉运用的，并且由此还可组合派生出更多的活动形式。无论哪种活动模式都在有机地服务于主旨，有助于实现活动目标。

六、心理健康教育课堂教学的组织与实施

明确了心理健康教育课程的教学目标，用心理教育课程中独特的教学活动方法设计了教育活动课后，接下来的问题就是如何组织好课程教学，使之取得应有的效果，达成心理健康教育课既定的目标。

课程的组织实施，包括课前准备和课堂组织教学两个方面。

1. 课前准备

在课程开始之前，有必要做好充分的准备。准备工作不仅仅包括单元设计中所规定的事项，如课堂所需的教具和有关材料等等，还应该包括以下几个方面的准备：

① 掌握学生心理和心理教育的有关知识技能

例如，熟悉视障学生的心理特点，了解心理学、教育学的有关知识，会用

某些心理辅导技术等。

② 了解视障学生的背景材料

包括学生的姓名、年龄、智力状况、人格特点、家庭状况、兴趣爱好等等。充分了解学生的背景情况，有助于教学活动的设计与活动过程的掌握。这就是所谓的“备课不仅要备教材，而且要备学生”。

③ 跟视障学生建立良好的人际关系

在课程开始之前，跟学生进行提前接触，建立良好关系，有助于课堂的顺利进行。

2. 课堂组织

要上好一堂心理教育活动课，教师必须采用一些教学方法处理好一堂课的开始、中间和结束等教学环节。

① 课堂开始

在一堂课的开始，教师要激发学生参与活动的积极性，明确教学活动的目的，增进彼此之间的了解，一般可采用以下几种组织方法：

◆ 热身活动

可通过唱唱跳跳等热身活动开始一堂课，以调动学生参与活动的积极性。在座位的安排上，可考虑圆形方式，使每个学生都能面对面，平等交往。

◆ 介绍课程

教师以生动有趣、简洁有力的语言做一个开场白，说明课程的目的和教学活动的大致安排，解除学生的困惑，可增强活动的意识性和目的性。

◆ 自我介绍

首次心理课开始前学生应做自我介绍，自我介绍的形式可以灵活多样，比如击鼓传花轮流介绍、两两结对互相介绍或用自己喜欢的一种动物来介绍等。

② 课堂教学过程

在课堂教学过程中，教师可运用以下方法组织好课堂教学：

◆ 引导法

在教学过程中，为了使学生在问题上能寻求较好的答案，教师可在学生思考的前、后，给予一些启发性的话，如“你是说……”“你觉得……”等等，引导学生思考并充分表达自己的思想，以促进团体内开放性的沟通。引导方法可分为间接引导和直接引导。

◆ 反馈法

教师把学生表达的内容反馈给学生，不仅能让学生觉得老师理解他的意思，从而增进师生感情，也能让学生更清楚地表达自己的观点。

◆ 澄清法

这种方法是教师除了复述学生所说的内容外，还要增添学生想要说而没说出的东西，即教师把学生模糊、隐含、未能明白表达的感觉说出来。这种方法有助于教师与学生之间的进一步沟通。

◆ 当面质疑

学生有时会逃避自我应负的责任，或找借口。在这种情况下，教师有必要当面质疑学生，促使其自我思考，勇敢面对现实。在当面质疑时，既要肯定学生的优点，又要明确指出学生的缺点和存在的问题。

③ 课程结束

在课程结束时，教师可采用以下方法：

收获与感悟：跟学生一起探讨交流本节课的收获与感悟。

在生活中的应用：教师与学生共同探讨今天所学内容及心理感悟对于自己的生活有什么积极作用。

祝福与道别：教师与学生、同学与同学之间可以用小卡片或小礼物彼此祝福、道别，以维持和发展相互间的友谊。

在心理健康教育课程的教学活动中，辅导教师除了维持好课堂纪律、组织好教学，还应注意以下几个事项：

◆ 客观、公正地处理事件，对学生不能有偏心或不公平的态度。

◆ 要以温暖、尊重、同情和接纳的态度对待每一个学生，使学生感到教师和班级是温暖和安全的，老师和同学是能够了解自己的，使学生愿意敞开心扉，把自己内心的话和感情表露出来。

◆ 不要用权威压制学生，而要尽量鼓励学生充分发表意见。

◆ 在教学活动中，教师应尽量表现出幽默感，使班级的活动能轻松活泼地进行，吸引更多的同学参与和投入。

◆ 要具有教学的机智，能随时处理突发事件。

◆ 在团体活动中，教师的指导要适当。教师指导得少，学生无从下手；指导得太多，又可能养成学生的依赖性。

3. 教学效能评价

心理健康课教学评价的根本目的在于获得反馈信息，以便改进教学，而不是对学生心理健康发展水平做出终结性的评定，更不是利用评价结果对学生进行比较与分等。

心理健康课教学评价方式应采用多主体、开放性的评价，可以根据不同教学模块的具体情况选用或运用教师评价、学生自我评价、学生相互评价等方式对学生的学习效果进行评价。

① 教师观察记录

教师有计划、有目的地对学生在日常活动中表现出来的情感、态度、能力、行为进行观察，作为评价的参考。

② 作品分析

老师可通过学生的作品，如活动感悟、心理日记、心理征文等，对学生进行分析评定。

③ 学生自评

教师引导和帮助学生对自己在学习中的表现与成果进行自我评价，以提高自我认识和自我调控的能力，特别让学生评价自己在经过心理健康教育后，在人际关系、学习情况、情绪调控能力等方面是否有提高和改善。

④ 学生互评

学生依据一定的标准进行互相评价，帮助学生逐渐形成互相尊重、理解、欣赏的态度。

第四节　视障学生的职业生涯规划和人生规划辅导

由于视力障碍，视障学生将来可能从事的职业受到很大的限制。目前，我国大多数的视障人士从事推拿按摩工作，少数的视障人士从事音乐表演、钢琴调律、教师、媒体主持、残联等工作。

处于中学阶段的视障学生开始思考人生，他们对未来充满着理想和希望，有的想做律师、作家，有的想做心理咨询师、电台主持人，有的想成为歌唱家、教师，还有一部分优秀学生想出国留学，但苦于不知道怎么做，害怕将来没有合适的大学录取，因此他们很迷茫、失落、不知所措。有些视障学生则认为，无论学得好与不好，将来都是要从事按摩职业的。而按摩又不是他们喜欢的职业，所以他们对一眼就能看到底的人生和未来失去了期待和希望，也失去了信心，学习没有动力。还有部分视障学生对未来没有任何想法，过一天算一天，反正将来有父母和兄弟姐妹照顾，也期盼有社会的特殊照顾，对他人和社会抱有不切实际的幻想和严重依赖。因此，在视障教育学校对学生进行人生规划和职业规划教育辅导是非常必要的，也是非常重要的。

一、人生规划、职业规划的具体内容

1. 引导学生正确认识自我

目前，国内有 8 个大类近 2 000 种职业。哪些是适合视障学生的职业？哪些职业符合他们兴趣、爱好、能力和性格？能发挥视障学生的优势、特长的职业，才是适合的职业。因此，只有引导学生正确认识自我，才能帮其确定职业理想。

学生有哪些相对固定的兴趣爱好？哪些兴趣爱好能培养成特长？学生的职业性格类型是哪种，适宜从事哪种职业？学生的视觉障碍程度和智力水平是否影响到他的学习能力、言语表达能力、运动协调能力、动手操作能力、空间判断能力、形态知觉能力、数据计算能力和书写知觉能力？这些问题是视障学

生对自己了解的很重要的一部分。

在学生的自我认知过程中，要引导学生既不要妄自菲薄，自暴自弃，也不要夜郎自大，超出自己的现实状况。也就是说，要让学生结合自己的兴趣爱好、性格特点和能力水平，认真思考“我喜欢做什么”“我适合做什么”“我能做什么”“社会需要我做什么”等现实问题，并以此来确立自己的职业目标，树立“学习是为了实现自己的职业理想”的信念，做到学习有目标，有动力，而不是空虚无聊、浑浑噩噩，并在长期的学习、实践中不断提升实现自己职业目标所需要的文化知识、职业技能和综合素质，将素质教育真正落到实处。

2. 引导学生认识从事某项职业所应具备的素质和所需条件

结合视障学生的兴趣爱好、能力等因素进行综合分析，他们可能或喜欢从事的职业，除了按摩师以外，还有教师、律师、作家、心理咨询师、电台主持人、歌唱家、英语翻译、企业家、专业运动员等。

那么，从事这些职业需要具备哪些知识和技能？

从事这些职业每天都需要做什么？

从事这些职业需要接受什么样的教育或什么样的培训？

从事这些职业需要获得哪些资格认证，难易程度如何？

作为视障人士从事这些工作有哪些困难是可以克服的，有哪些障碍是不可逾越的？

这些职业将来的就业出路如何？

……

这一系列的问题都是视障学生进行职业规划时必须要充分认识和了解的，甚至对某些可能从事的职业要有深刻的理解。可以让学生带着问题通过网络搜索，寻找答案，教师可以作为教师或心理咨询师现身说法，还可以邀请诸如作家、企业家、按摩专家等等到校来给学生面对面介绍职业要求。学校也要创造条件，让学生走出去，如去广播电台、律师事务所等场所去体验职业的工作环境和工作要求。通过这些方式，可以锻炼学生查找信息的能力、与人沟通交流的能力、分析问题解决问题的能力，还可以让学生亲身感受自己是否真正喜欢并适合这些职业，从而帮助学生调整自己的职业理想，真正找到努力的方向。

3. 确立职业理想，认识目前的学习与未来职业的关系

通过认识自我、认识职业，学生可逐步确立自己的职业理想，并认识到如何将现在的学习与未来的职业联系起来，并根据自己的职业理想选择最适合的教育，真正树立起“学习是为了实现自己的职业理想”的理念。

如果想做一名普通的按摩技师，就要注意加强体育锻炼，选择上按摩职业中专；如果想做一名高层次的按摩推拿医生或按摩专家，在加强体育锻炼的同时，要加强文化课的学习，可选择上盲人普通高中和高等教育中的针灸推拿专业；如果想做一名心理咨询师，要选择上盲人普通高中，业余时间可多涉猎心理学方面的知识，同时要学好文化课提高自己的竞争力，积极争取参加普通高考的权利（因为目前招收视障学生的几所大学没有心理专业）；如果想做一名媒体主持人，也要上盲人普通高中，在学好文化课的同时，还要加强普通话训练，提高语言表达能力；等等。

有了人生规划、职业规划，学生就有了职业理想。有了职业理想，学生就有了学习动力，就能从根本上扫除视障学生学习生活中无聊乏味的色彩，让他们的生活、学习更有奔头，更有方向。

二、开展职业生涯规划和人生规划的途径

1. 让学生走进社会进行调查研究，充分了解各行各业的职业要求，尤其是视障学生未来可能从事的职业或感兴趣的职业。

2. 邀请各行各业的专业人才走进视障教育学校的大门，现身说法。这是最让学生受益的职业生涯指导。

3. 让学生通过研究性学习了解不同职业的要求，并进行综合分析，使视障学生初步确定自己的未来职业方向。

4. 引导学生做好职业规划和人生规划的长期、中期和短期目标。

【案例】

小魏，男，全盲，盲人普通高中高三学生。上高中前，学过1年按摩，并拥有钢琴10级证书。刚上高中时，小魏的理想是考音乐表演专业，将来从事音乐表演或者钢琴调律。学过人生规划、职业规划课程后，小魏综合分析个人的能力和条件以及音乐表演专业将来的就业情况，决定放弃以前的理想，专心报考针灸推拿专业，以图将来在推拿方面有所成就。因此，小魏从高一下半年即开始注意增加饭量，并加强体育锻炼，同时他还在业余时间阅读了大量的中医学理论书籍，培养自己对中医的兴趣。

小嘉，女，低视力，盲人普通高中学生，各科成绩均比较优秀。小嘉文笔很细腻流畅，且富于想象，语文教师鼓励她多利用业余时间进行写作练习。于是，每周小嘉都会有习作交给语文教师批阅。小嘉的作品先后刊登在市报、盲文刊物上。经过人生规划、职业规划课程后，小嘉确立了自己的职业理想，以后要做一个像池莉那样有医学背景的作家。从此，小嘉的创作更是一发而不可收，同时这也给她增加了自信，她的综合素质更加优秀。

小龙，男，全盲，盲人普通高中学生。爱好心理学和英语。立志要做心理咨询师或出国留学。利用课余时间阅读心理学书籍并学习英语，是学校心理社团的重要成员。高二下半年获得一位慈善人士的资助，开始准备进行雅思考前培训。高三期间，在进行紧张高考复习的同时，仍坚持雅思备考。紧张的超负荷学习，使小龙的体重下降近30斤，但小龙最终坚持下来。最后，他被3所大学一批次录取，同时取得雅思考试6分的好成绩。最终，小龙选择了一所自己满意的大学就读。

小江，男，全盲，按摩职业中专学生。因家庭经济状况原因，小江选择上按摩职业中专，想尽早帮家庭摆脱困境。但小江的爱好是吹笛子，理想是将来从事音乐表演。经过人生规划、职业规划指导，小江在学好按摩职业中专的课程的同时，利用课余时间坚持练习吹笛子，利用晚自习、周末的时间向高中的同学学习高中的课程。两年后，他的家庭经济状况好转，家长也不忍孩子为了家庭丢弃自己的理想，于是支持并鼓励他准备高考。经过半年多的准备，小江顺利地被大学音乐表演系录取。机会总会给有准备的人。

第四章 教育活动中的心理关注

第一节 德育与团队活动中的心理关注

意大利诗人但丁曾说过："一个人如果知识不全，可以用道德去弥补；如果道德不全，则无法用知识去弥补。"从这句话中我们可以看出，德育对一个人终生发展的重要性。德育是中小学生教育的重要组成部分。在国家颁发的《中小学德育教育工作条例》中讲到道德教育是对学生进行政治思想和心理品质教育。心理品质教育与心理健康教育密不可分，但德育并不等同于心理健康教育，二者既有区别又有联系。

一、德育与心理健康教育的区别

1. 理论基础有区别

德育以马列主义、毛泽东思想、邓小平理论、"三个代表"和科学发展观等重要思想为理论指导，心理健康教育则是以心理学、教育学等为理论指导。

2. 目标侧重点有区别

德育按社会要求规范个人行为，以塑造个人完善的道德品行为目标，其教育核心问题是人生观问题。心理健康教育关注个人合理的心理需求，以塑造个人完善的人格为目标，其教育核心问题是个性的自我完善。

3. 内容有区别

德育内容始终充满着鲜明的阶级性和时代感，主要包括爱国主义、集体主义、社会主义思想道德规范等内容。心理健康教育的内容没有阶级性，主要包括心理卫生、智力发展、人格评定、行为适应等内容。

4. 学生观有区别

德育把学生当做塑造的对象，在师生关系上重视教育与被教育的关系，强调教育性。心理健康教育把学生当做帮助、服务的对象，在师生关系上重视平等、民主、尊重、理解，强调人性。

5. 教育原则有区别

德育的主要原则是政治方向性原则，有明确的是非价值取向。心理健康教育的主要原则是根据学生心理发展特点和身心发展规律，在尊重学生的基础上，有针对性地实施指导，帮助学生解决心理矛盾，培养心理能力。

6. 工作方法有区别

德育工作的主要方法是说服、评价、模仿、规范等，具有集体性和公开性特点。心理健康教育的主要方法是测量、矫正、咨询等，教师对学生的心理健康教育要本着尊重、理解、信任、保密的原则，没有对学生的心理予以否定的权利，具有个别性和保密性特点。

7. 对教育者的要求和教育者所扮角色有区别

德育工作要求人人做，德育工作者要居主导地位，其任务是进行宣传、教育。心理健康教育要求具备一定心理专业技能的人员做，心理健康教育工作者处于辅导地位，主要扮演陪伴、顾问、朋友的角色，其任务是询问、帮助、疏导对方。

二、德育活动中的心理关注

德育的与心理健康教育虽然存在着明显的区别，但它们之间的联系也是非常密切的，在德育活动中应处处渗透着对学生的心理关注。

1. 教育目的的心理关注

德育的基本教育目的是“育人”，“育人”就是按照素质教育的要求，培养全面发展、身心健康的人，因此教育目的的设置必须体现对学生的心理关注。

2. 教育内容的心理关注

德育的内容包括学生的认知、情感、意志、行为等四个方面，选择教育内容时，不仅从思想道德层面上考虑，而且也要从心理层面考虑，即体现教育内容的心理关注。

3. 教育方式的心理关注

德育过程中帮助学生树立人生观、世界观、价值观，或排除“三观”的问题，都要注意结合视障学生的心理需求，采取适当的、学生喜闻乐见的教育方式。

4. 德育过程的心理关注

对视障学生个体来说，他们的心理问题往往与道德问题是交织在一起的。因此，德育工作必须与心理健康教育共同进行。

5. 德育途径的心理关注

学科课堂教学渗透、辅导员班主任工作、社团工作、校园宣传阵地、课外实践活动、优化校园环境、家校配合、谈话谈心等都是德育可采取的途径，无论采取哪一种教育途径，教育的对象都是活生生的学生，因此都要充分考虑心理关注问题。

总之，在德育过程中，要运用先进的教育理念，打造新型的师生关系，尊重视障学生的价值，重视视障学生的个性发展，以正面教育为主，学校、家庭、社会协同合作，共同做好学生的思想教育，事事处处体现德育的心理关注。

三、团队活动中的心理关注

1. 团队活动的主题设计要充分考虑视障学生的心理需要

德育的方法主要有理论灌输、说服、榜样示范、行为引导、团队活动等，团队活动是其中最重要的、最有效的方法。团队活动通常有明确的目的，不仅有一定的教育意义，而且有一定的趣味性，容易吸引学生。团队活动参与面广，受众面大，通常少则一个学部，多则是全校学生。团队活动的主体是学生，因此，只有在团队活动中重视对学生的心理关注，才能充分发挥其在学生心理品质教育方面的功能。

2. 团队活动形式须根据视障学生的生理、心理的实际而定

① 仪式类团队活动

在视障教育学校，一个学生通常会从小学一直读到高中，会经历成长的若干重要阶段。组织隆重的入队、入团、成人仪式和各个阶段的毕业典礼等庄严的仪式，有利于激发视障学生的责任感。

② 传统节日类团队活动

我国的传统节日众多，为团队活动提供了丰富的素材。可组织与清明节、劳动节、母亲节、儿童节、端午节、教师节、国庆节、春节等传统节日有关的专题活动，如经典美文诵读、歌咏比赛、节日庆祝等，有利于学生建立并获得亲情、友情、师生情等美好的感情，有利于培养学生的爱国、爱校、爱家的情怀，也是对学生进行感恩教育的重要途径。

③ 节庆类团队活动

根据学生身心发展的实际需要和教师队伍的实际情况，设计开展诸如艺术节、读书节、科技节等节庆类团队活动。这是学生喜爱的团队活动形式，生动、丰富、有趣，符合视障学生的实际和爱好，容易受到广大学生的欢迎。

④ 运动类团队活动

根据季节的变化，组织春游、秋游等活动，使学生亲近自然、热爱自然。组织适当的远足活动，培养学生坚强的意志品质；通过军训，帮助新生迅速适应新学校的生活并迅速建立新的团队意识。

⑤ 专题类团队活动

通过向灾区、困难人群捐款、捐物等专题活动，培养视障学生博爱的情怀和回报社会的意识；通过逃生演练等专题活动，对学生进行珍爱生命的教育；通过“节水周”活动，培养学生的节约意识。

3. 团队活动应注意的问题

① 全员参与，不让一个学生掉队，让每个人觉得自己很重要，不可缺少。

对于行动不便的视多障学生，可以邀请其家长共同参与团队活动。

② 团队活动是载体而不是目的。设计团队活动时，要把学生摆在第一位，充分考虑学生的身心发展需求。

③ 团队活动的形式要富有变化。

④ 团队活动的设计、组织要尽量吸收学生参与，一些比较成熟的活动，甚至可以让班级或学生团体承办。

【案例】

青岛市盲校2011年成人仪式活动方案

为进一步推进未成年人思想道德建设，激发广大青少年学生的爱国情感、公民意识和社会责任感，增强独立自主、自强不息的精神，使广大青年自觉地把个人成长进步和祖国发展紧密联系在一起，与祖国共奋进，与时代同发展，组织年满18岁青年举行成人仪式。

时间：2011年6月2日上午

地点：观象山、信号山

参加范围：高中、中一师生

活动安排：

8:00 在校园内集合完毕，由学生简单介绍青岛的历史和观象山、信号山的情况，并强调安全注意事项。

8:30 出发，步行至观象山。

9:30 到达观象山，举行成人仪式。

10:00 参观观象山天文台。

11:00 集合，出发至信号山。

11:30 到达信号山，自由活动。

12:30 午饭。

13:30 各班自行返回。

其他要求：

1. 学生统一着校服，共青团员佩戴团徽。

2. 外出期间严格按照学校规定路线行进，学生服从随班教师安排，不得随意离开队伍，注意行进安全。

青岛盲校团委

2011 年 5 月

附：青岛市盲校中学生 18 岁成人宣誓仪式程序

一、介绍成人仪式的来历

二、宣布今年年满 18 岁成人学生名单

四、成人宣誓（年满 18 岁学生）

五、放飞和平鸽

六、学生代表发言

七、校长讲话祝贺

四、充分发挥学生社团活动在视障学生心理健康教育中的作用

1. 学生社团活动的意义

学生社团是校园文化的重要载体，是学校第二课堂不可或缺的组成部分，是培养学生兴趣爱好、扩大求知领域、陶冶思想情操、展示才华智慧的广阔舞台。在社会发展日新月异的今天，加强学生社团建设，积极引导学生参加健康向上的社团活动，关系到学校素质教育全面推进和视障学生身心健康成长。

学生社团活动具体有以下几个方面的意义：

① 通过参与甚至组织社团活动，学生的价值标准、行为准则、道德观念将得到修正、提升。

② 可以帮助视障学生培养业余爱好，发展个人特长，也有利于在目前我国视障学生教育出路不是很广的现实情况下，帮助视障学生找到心灵的依托。

③ 社团活动可以帮助视障学生打开封闭的心灵，提高与人交流沟通的能力。

④ 由于学生参与社团活动的动力来自于兴趣，所以社团活动可以调动起学生的积极性，激发他们的创新灵感。

⑤ 在社团活动中，成员之间互相合作、互相激励，可以帮助学生更多地与不同班级的学生建立和谐同学关系，甚至与普通学校的同龄学生成为朋友。

⑥ 社团活动的形式活泼，成员的参与度高，因此学生有更多的机会充分表达自己的观点，提出自己的主张建议，这可以锻炼学生的语言表达能力和书面表达能力。

2. 学生社团活动的形式

根据视障学生的认知特点和兴趣、爱好、特长，结合教师状况、硬件资源状况，甚至挖掘社会义工资源、社区功能资源，可以组织开设以下社团活动：

文学社、手工社、信息技术科技社、话剧社、象棋社、合唱团、器乐队、心理社、英语社等。

各个社团都要有组织分工、成员职责、指导教师、活动章程等，每学年在教师的指导下制订社团活动计划，确保社团活动有序、有效地开展，让学生在社团活动中找到自己的位置，为他们的学校生活增添一道亮丽的风景，为他们的心灵找到一片安置的天空。

【案例】

青岛盲校“阳光文学社”章程

为繁荣我校学生文化活动，推动学校文化建设，提高学生的文字表达能力和文学欣赏能力，并为我校各学部的文学爱好者提供沟通交流的平台，特成立青岛盲校“阳光文学社”。

一、文学社的组织

文学社社长：肖余商

文学社副社长：朱发鹏、张炜军、李坤、崔龙、马嘉鑫

文学社成员：牛力威、雒鑫、于海洋、吴梦飞、周增泽、赵舒婷、宋飞龙、吴本锦、迟余政、徐彩凤、宋文倩、赵恩惠、张姣姣、孙文文、张耀辉、邵宸、李旭、黄鹤、王朝阳、朱瑞明、张瑞洋、王世港郝威、张荞溪、朱昱昊、李坤丁亚楠张涛、黄英、马嘉鑫、崔龙、胡钰倩、赵可嘉、王兴、杨曼尼、李彦博、朱发鹏、魏冠冲、孙奇玲、张炜军、王澍、郭耀应、白孟平、刘鹏、肖余商、殷亚俊、于超、陈艳斌

文学社顾问：郑建华（青岛作家协会副主席）、曹安娜（青岛大学教授、青岛作家协会副主席）、叶帆（青岛作家协会副主席）

文学社指导教师：（本校语文教师）唐珍美、黄佩、尚冬梅、曲桂平、孙媛、高娟、吴爱中、赵杰、王金燕

二、文学社有关人员职责

社长——代表文学社，与文学社成员定期组织文学活动，主持文学社全面工作。

副社长——协助社长的各项工作，组织文学社成员积极参加文学社的各项活动。

社员——积极参加文学社的各项活动。

指导教师——协助文学社成员定期组织文学欣赏活动，定期拟定写作练习题目，定期进行写作指导，定期组织写作比赛，定期组织出版学生优秀作品选。

三、文学社常规活动

1. 每月由指导教师或外聘的作家举行一次文学欣赏活动。通过文学赏析，提高学生的写作能力。

2. 每月进行一次命题写作练习。文学社社长、副社长组织社员定期进行作品交流活动。

3. 每月由指导教师或外聘的作家举行一次集中的写作指导，切实提高学生

的写作水平。

4. 每学期举行一次作文比赛，由指导教师拟题、评奖、推荐到网站、校刊发表，一学年后将获奖作文集结成册印刷出版。

四、几点说明

1. 阳光文学社创办初期，社长、副社长由学校指定任命，社员由教师推荐加入。运作一年后，阳光文学社将组织民主选举确定社长、副社长和其他负责人。

2. 社员有发言权、表决权、选举权、被选举权，有对文学社发展提出合理建议的权利和对其他成员监督的权利。

“机之翼”信息科技社章程

第一章　总则

第一条　本社团的名称：机之翼信息科技社。

第二条　该社团的性质：本社团是针对学生的兴趣爱好以正确的途径自愿结成的一个非盈利性组织。

第三条　该社团的宗旨：通过信息技术在学习、生活中的应用，培养学生的创新意识。

第四条　该社团是青岛盲校学生社团组成的一部分，接受学校的领导、团委、指导教师及校学生会的监督管理。信息中心负责社团的管理与技术指导，组织相关业务活动。

第二章　活动范围

（一）日常培训活动：主要利用课外、周末、节假日开展培训，培训方式有讲解、辅导自学、辅导实验、探究、实战演练、经验分享。每周制订培训计划，定期进行小组总结。

（二）技术服务与宣传活动：定期组织全校性的宣传活动，主要内容为信息安全技术、网络使用技巧、软件使用方法等。

（三）参与学校计算机维护的各项服务工作，协助教师对计算机软、硬件进行更新及维修。

（四）参与学校组织的其他大型活动。

第三章　入社条件

（一）具有青岛盲校学籍。

（二）承认本社团章程。

（三）服从教师安排。

第四章　入社程序

符合入社条件的学生自愿、主动提出入会申请，由信息中心审核。

第五章　社员享有的权利

（一）社团的选举权、被选举权和表决权。

（二）参加社团的活动。

（三）获得社团服务的优先权。

（四）对社团的批评建议权和监督权。

（五）入会自愿，退会自由。

第六章　社员的义务

（一）执行社团的决议。

（二）维护社团的合法权益。

（三）参与社团每次活动。

第七章　基本管理制度

（一）社员与指导教师共同制订学习培训计划，严格按照计划要求执行。

（二）未按要求完成培训学习任务或者其他工作任务，三次教育和提醒后均无改进，由指导教师建议其退社，经指导教师签字同意后，可办理退社手续。

（三）社员参与各种技术活动，尤其是协助教师对计算机软、硬件进行更新及维修时应严格遵守学校的工作制度，对出现违纪、不负责任以及态度不端正等现象，社团直接给予除名，并追究其造成的相应损失。违反学校管理规章制度者提交有关部门处理。

“明心”手工社活动计划

指导思想：在丰富学生周末文化生活的基础上，激发学生的手工制作兴趣，提高有手工制作爱好、特长学生的制作能力，培养视障学生制造美、享受美的意识。

活动宗旨：明心慧目，创意无限。关注个体，关注需要。将手工社办成学生需要的、深受学生喜欢的手工社团。

活动内容：初高中同学学习串珠、刮刮乐折纸、艺术节作品。

小学同学以学习基本的技法、技能为主，并在初、高中同学和老师的带领下，进行创新的初步尝试，内容有：折纸三角形、三角形的组合等。

活动要求：社团成员要积极、按时参加社团的活动，按时完成活动内容。

活动结果：成果展示

活动时间：周日上午

第二节　班级工作中的心理健康教育

班级是学校的最基础管理单位，也是最贴近学生的一级管理机构。做好视障学生的心理健康教育工作，班级工作起着至关重要的作用。

班主任对学生的教育管理最为直接，他们与学生交往的时间最长、频率最高，对学生的各方面情况的了解也最全面，而且班主任是联结学生、家庭、学校、社会等各方面的桥梁和纽带。因此，心理健康教育要真正走进视障学生的心里并取得实效，就必须与班主任工作密切结合起来。

那么，班级管理工作中如何开展心理健康教育呢？

一、通过班会课开展心理健康教育

班会课是班主任对学生进行教育的一个主阵地。利用班会课对学生进行心理健康教育，不仅能使班会内容更加鲜活充实，形式更加生动有趣，而且也能加深学生的认知和情感体验，促进学生个性更加全面地发展，同时也有利于学生道德认知和道德判断能力的提高，从而使班会课避免空洞无效的说教。

在班会课上，班主任可以采用多种多样的活动形式对学生进行心理健康教育，如主题辩论、游戏活动、心理故事讨论等。

1. 主题辩论

在学生中存在明显争议的心理问题和话题，可以整理出来，利用班会课进行有关的主题辩论。在辩论过程中，将学生分为正方、反方，他们可以引经据典，结合自己所学知识和个人的生活体验，进行思想的碰撞。在主题辩论过程中，有争议的问题会越辩越明白，同学间的关系会越辩越和谐，学生的思考和辨别能力和心理健康水平也会得到提高，同时还能培养学生的团队精神。

一些比较好的、适合视障学生的辩论主题有：男生更需要关怀，还是女生更需要关怀；盲校学生是否应该训练写字和阅读速度；上盲人普通高中是否有意义等。

2. 游戏活动

游戏活动是以游戏为媒介，使学生的内心世界通过游戏活动投射出来，进而对其进行心理辅导和教育的助人活动。由于视觉障碍，视障学生做游戏的机会比较少，班主任一旦组织游戏活动，比较容易调动学生的积极性。游戏活动要制订规则。游戏过程中，学生的个性及优点会得到表达和张扬，同时其人格的缺陷也容易暴露出来。此时班主任应注意加以引导和指导。

游戏结束后，班主任应提出有关的话题进行讨论，使学生体会游戏的意义，反省自身的认知和行为，克服和摒弃自身个性上的弱点和缺陷，促进学生个性的不断完善。

游戏，可以增强学生的合群性，改善学生的人际交往状况，培养学生的合作意识。另外，游戏中的规则能使学生对规则形成正确的态度，进而促进他们认同并接纳学校的各项规章制度，养成遵纪守则的良好习惯。

【游戏案例】

找零钱

游戏规则：

1. 男生代表 1 元钱，女生代表 5 毛钱。

2. 由班主任报出具体的价格数目，由男女生自由组合，最快组合完毕的一组同学即为获胜者，落单的或者组合错误的一组则视为失败。

3. 低视力同学要主动向全盲同学靠拢，全盲同学要主动叫出想与之组合的同学的名字。

4. 每组不能只有同性的同学，不能没有全盲的同学。

游戏意义：让学生了解每个人都有其存在的价值，要懂得互相尊重和珍惜。只有懂得和遵守规则才能赢得胜利。

撕纸游戏

游戏规则：

1. 班主任给每个学生发一张 A4 的白纸。

2. 班主任要求学生们闭上眼睛，只允许学生按指令进行操作，不允许提问。

3. 班主任向学生发出指令：把白纸对折，再对折，撕去一个角，再撕去一个角。

4. 将撕完的白纸打开，全班同学对比一下看有什么不同。

5. 班主任提出话题：从这个游戏中你体悟到了什么？

游戏意义：让学生认识到每个人都有属于自己的想法，不能把自己的观点强加给别人。要想少一些误会，要想统一观点，必须充分沟通，明确规则。

3. 心理故事讨论

面对学习压力、人际交往出现的问题、个人理想与现实的差距等问题，一些心理自我调节能力较弱的视障学生往往会出现心理问题。在说教显得苍白无力的情况下，班主任可以通过寓言故事、伟人事迹、日常生活故事等心理小故事作为引子，通过引导思考、讨论，来调适学生心理。因为一个心理故事往往生动形象、有血有肉、悬念曲折、意味深长，具有新鲜感，符合学生好奇、探究等心理发展特点，贴近学生的心境，对学生的吸引力比较强，很快就可以拉近教师和学生的距离。老师就可以很自然而然地就引导着学生去思考、引申、讨论。

特别需要指出的是，给视障学生选择的心理小故事，不必要刻意选择故事主角是残障人士的，让他们的视野更开阔为好。

【心理故事案例】

1. 为了引导学生消除同学间的误会，认识到人与人之间误会的可怕，可采用下面这个心理小故事。

早年在美国的阿拉斯加，有一个年轻人结了婚，婚后他的太太因难产而死，留下一个孩子。他忙于生活，又忙于看家，因没有人帮忙看孩子，就训练了一只狗。那狗聪明听话，能照顾小孩，能咬着奶瓶喂奶给孩子喝，抚养孩子。有一天，年轻人出门去了，叫狗在家照顾孩子。他到了别的乡村，因遇到大雪，当日不能回来。

第二天他赶回家，狗闻声立即出来迎接主人。他打开房门一看，到处是血，抬头一望，床上也是血，孩子不见了，狗在他身边，满口也是血。他发现这种情形，以为狗兽性发作，把孩子吃掉了，大怒之下，拿起刀来向着狗头一劈，把狗杀死了。

之后，他忽然听到孩子的声音，孩子从床下爬了出来。他立刻抱起孩子，发现孩子虽然身上有血，但并未受伤。他很奇怪，不知究竟是怎么一回事。

这时他发现在床的另一边有一具狼的尸体。这下他全明白了，狗救了他的孩子，却被他误杀了。

2. 为了引导学生互帮互助，可以采用下面这个心理小故事。

一个人问上帝："为什么天堂里的人很快乐，而地狱里的人一点也不快乐呢？"上帝说："你想知道？那好，我带你去看一下。"他们先来到地狱，走进一个房间，看到许多人围着一口大锅，锅里煮着鲜美的食物，可每个人都一脸沮丧，原来他们手里的勺子太长，没法把食物送到嘴里。

上帝说："我们再去天堂看看吧。"于是上帝又带着那个人来到另一个房间，他们看见的是另一番景象：虽然每个人手里的勺子也很长，可是这里的每个人都显得快乐又满足，因为这里的人用勺子把食物都送到了别人的嘴里。

3. 为了引导学生学会沟通，与他人真诚相待，可以采用下面这个心理小故事。

一把坚实的大锁挂在大门上，一根铁杆费了九牛二虎之力，还是无法将它撬开。钥匙来了，他瘦小的身子钻进锁孔，只轻轻一转，大锁就"啪"的一声打开了。铁杆奇怪地问："为什么我费了那么大力气也打不开，而你却轻而易举地就把它打开了呢？"钥匙说："因为我最了解它的心。"

4. 为了引导学生悦纳自我，奋发自强，可以采用下面这个心理小故事。

小蜗牛问妈妈："为什么我们从生下来，就要背负这个又硬又重的壳呢？"

妈妈说："因为我们的身体没有骨骼的支撑，只能爬，又爬不快。所以要这个壳的保护！"

小蜗牛又问："毛虫姐姐没有骨头，也爬不快，为什么她却不用背这个又硬又重的壳呢？"

妈妈说："因为毛虫姐姐能变成蝴蝶，天空会保护她啊！"

小蜗牛又问："可是蚯蚓弟弟也没骨头爬不快，也不会变成蝴蝶，他为什么不背这个又硬又重的壳呢？"

妈妈说："因为蚯蚓弟弟会钻土，大地会保护他啊！"

小蜗牛哭了起来："我们好可怜，天空不保护，大地也不保护。"

蜗牛妈妈安慰他："所以我们有壳啊！我们不靠天，也不靠地，我们靠自己。"

二、班主任工作要关注学生的心理成长

如果要问学校里谁与学生的距离最近，谁与学生接触的最多，答案无疑只有一个：班主任。班主任与视障学生每天朝夕相处。要做好班级管理工作，班主任不仅要熟悉每个学生，还要关注每个学生的成长，尤其是心理的健康成长。

1. 多与学生谈心，了解学生的致盲原因，了解学生的家庭背景和人生追求，做了解和理解学生的第一人

这是班级工作的基础。每个视障学生的致盲原因不同，家庭背景也各不相同。视障学生的父母往往对学生的学习和未来没有什么要求，学生自身对自己人生的追求也比较模糊。做班主任工作，只有多与学生谈心，全面掌握每个学生的情况，掌握每个学生存在的、对其发展不利的心理障碍，才能对症下药，争取家庭、科任教师、同学的帮助，通过耐心细致的工作，对学生进行有效的心理调节。

2. 给每个学生同等的表现、发展机会

因为学生看不见或视力不好，班里的一些体力劳动，如搬搬抬抬、打扫卫生等，往往都是班主任在做，但是单凭班主任一个人肯定也不行，他一般还会找几个视力好一些的学生参与。学校里一些其他的事务，如跑跑腿、传传话什么的，也往往是低视力学生的优势。

如果班里低视力学生多，班主任会很高兴，觉得班级好带。指定或推选班干部时，班主任也会首先想到低视力学生。学生会的学生也大多是低视力学生，各种联欢会的主持人也是低视力学生占多数。全盲学生在学校里往往

是被服务的对象。久而久之，不少全盲学生会产生自己被忽视、自己不重要、自己什么都不行的消极心理感受。其实，只要合理搭配，全盲学生可以参与很多看上去不能做的事情。比如搬桌子，低视力同学走在前，全盲同学走在后，他们就可以合作得很好。再比如，到各个功能室跑腿传信息，只要学生熟悉了环境，全盲学生做也毫不困难。关键是作为班级的管理者，要用心给每个学生特别是全盲学生创造同等的表现、发展机会，让他们获得认同感，从而变得更强。

3. 发挥学生的自我教育功能，让学生自己管理自己

苏霍姆林斯基说："只有能够激发学生去进行自我教育的教育，才是真正的教育。"在班级管理工作中，班主任应根据视障学生的心理特点，建立一种自我管理的模式，给学生提供自我管理和自我教育的自由空间。

建立班规是学生自我教育自我管理的首要工作。在班主任指导下，班规可由本班同学共同制定，这有利于树立学生的主人翁意识和责任意识，有利于培养学生的集体精神。班规的内容要简明扼要，容易记忆，应包括本班学生必须遵守的规矩，如男女同学交往原则、体育锻炼要求、上课纪律、自习纪律等。班规可以引导学生形成规则意识，对形成良好的班风意义重大。

民主选举班干部，组成一个学生认可的班委。班主任应创造机会让班委实施班级管理。班委宜每学年重新选举，不应三年或更长时间一贯制，这样可以给"老班委"以危机感，有更大的动力为同学服务，同时也给其他同学提供服务别人、锻炼自己的机会。

【班主任工作案例】

用爱心陪伴学生成长

在盲校做班主任工作，先要把学生当成朋友，倾听和理解他们，关心和爱护他们，要透过表面现象来感知他们内心世界的苦与乐。

她，一位白化病女孩，聪明、漂亮，学习和领悟能力强，然而却有些偏激，

不服从管理，缺乏集体意识。无论在教室还是在宿舍，只要有老师在场，她表现得很安静，甚至不主动回答问题，就连读课文也是声音细小。但只要一离开老师的视线，她立马就如同换了一个人：皮打胡闹、吱哇乱叫。她就是整个乱哄哄场面的中心。为了给学生们一个更好的生活和学习环境，我曾多次对她进行批评教育，告诉她应该多考虑别的同学。每次她都是答应得很爽快，但转头就忘，依然我行我素。我也曾在全班同学的面前批评她的这种行为，然而收效甚微。当然，在她的眼里班主任老师也成了一位不受她喜爱的人。

多次的批评教育都不能和她产生心理共鸣，没有收到如期的效果，不由得让我对自己的工作产生反思：一直以来对她进行批评教育的时候，都是把她放在我和其他学生的对立面，生硬地告诉她应该怎么做，却并没有站在她的角度和立场上来看待和分析行为产生的原因。我开始转变定位，不再是高高在上的老师，而是她可信赖和可依靠的朋友。通过多次的谈心聊天，我了解到她在转来之前一直在普通学校上学。不难想象白皮肤、白头发的她在一群普通孩子中是多么的与众不同和格格不入。因为视力不好，再加上没有合适的大字教材，她的学习成绩平平，老师也很少管她。她渴望同学的友爱和老师的关爱，因此她努力想通过嬉戏打闹、与老师无声地对抗来赢得同学和老师的关注。

学生缺什么，我们就应该给什么。要想解决问题，只能从关爱学生入手。通过与她聊生活、学习和理想等，让她体会到老师对她的关注和关心；通过介绍学校、学生情况等，让她了解我校与其他学校的不同，帮助她更快地适应学校环境；通过身边学生的真实例子，让她学习其他同学的优点和长处；通过对她学习和生活中闪光点的鼓励，帮助她建立起自信，找到正确表达自己的方式；通过指导她积极参与或组织班级活动，帮助她更好地融入集体，树立在同学们中的威信；通过同学间的互帮互助，让她体会到同伴之间诚挚的友情。关爱如同润物无声的春雨，一滴一滴滋润着她干枯的心田，慢慢地，小姑娘变得稳重、开朗、理性，能更好地把握自己的情感。而她和我聊天的时间也越来越长，跟我讲的话也越来越多，对我也越来越信赖。

班主任体会：

在日常教育教学中，班主任老师要努力融入学生的世界中去，和他们一起去感受生活中的眼泪与欢笑。多一份克制和慎重，少一些粗暴和草率，多给学生一点爱心和鼓励、理解和宽容，让他们自由、快乐、健康地成长。用赏识的眼光看待学生，用平等的心态去对待他们，用爱心陪伴他们成长，让他们的内心时刻充满快乐和阳光。

（本案例由青岛市盲校李燕老师提供）

第三节　朋辈心理互助社团建设

一、朋辈心理互助

1. 朋辈心理互助的概念

朋辈心理互助是指受过心理训练或被督导过的学生向前来寻求帮助的年龄相当的学生提供心理帮助的过程。在这里“朋辈”包含了“朋友”和“同辈”的双重意思。“朋友”是指有过交往的并且值得信赖的人，而“同辈”是指同年龄者或年龄相当者，他们通常会有较为接近的价值观念、经验，共同的生活方式和生活理念，具有年龄相近、性别相同或者所关注的问题相同等特点。

2. 朋辈心理互助的意义

由于视力障碍，视障学生比普通学生存在更多的压力和迷惘，而又无法独立解决。他们渴望沟通，渴望倾诉，渴望得到充分的尊重，但大部分视障学生都是寄宿制生活，因此减少了跟父母接触和求助的机会。在学校里，视障学生接触最多的是老师和同学。在老师和同学之间，他们更愿意选择后者。因为他们之间除了有较为接近的价值观念、经验，共同的生活方式和生活理念，具有年龄相近、性别相同或者所关注的问题相同等特点外，他们还都是视障人。因此他们之间相似性更强，更容易共情。某视障教育学校里有一位盲人教师，大部分学生都很喜欢她，尤其喜欢与她交流。除了人格魅力外，还因为她跟学生有更多的相似性，因此容易有共同语言。同龄视障学生之间的相似性更多，因此朋辈互助的效果会更好。

另外，视障学生动手及实践的机会相对较少，获得的成功体验也就少，但他们内心渴望体验成功。朋辈心理互助既解决了教育资源有限和视障学生实际需求量大的矛盾，又为视障学生提供了展示自我、关爱他人的平台。

3. 朋辈心理互助的特征

① 自发性

当学生自己无法解决心理困扰时，往往会自己主动向同学或朋友求助。比如，心情不好的时候会跟同学或知心朋友倾诉。

② 友谊性

在许多情况下，学生之间的相互帮助既是一种高尚的精神，也是一种亲情和友谊的表现。学生在困惑时向知心朋友诉说，是目前青少年继自我调节之后最常见的求助方式，因为他们在年龄、价值观、经验、情感体验、爱好、生活方式、学习方式等方面都很相近，具有天然的“亲缘”关系，彼此相惜相知，在面临很多困惑的问题时能够及时解决，同时也由此可以建立起高低年级学生间的珍贵友谊。

③ 相互性

在朋辈心理互助中的助人者和当事人的角色通常是不固定的，也就是说，助人者与当事人随环境和心境的改变而相互转换角色，所以朋辈心理互助具有相互性。

④ 有效性

在学校里，学生通常以班级、社团、宿舍等集体方式联系在一起，这为他们在心理方面相互开导、安慰和支持提供了有利条件，且不受时间、地点、场所、语言等因素的影响。朋辈心理互助者，通常都是当事人较好的朋友和同学，这些朋友或同学易于接触得到，其建议和意见也容易被接受，能及时缓解当事者的心理压力。此外，朋辈心理互助的同学往往与当事人共同生活和学习，经常可以发现和接触当事人，能有效地监督建议的实施，还可以帮助其改善环境，这些因素都使“朋辈心理互助”的有效性大大提高。

二、朋辈心理互助社团的创建

1. 组织机构

朋辈心理互助成员可由各班心理委员组成。每学年开始，可全校发动倡议，招募班级心理委员。根据自荐及他荐原则，增补人员。

朋辈心理互助成员应具备以下素质：乐于助人、关心人、理解人、尊重人，有耐心、有热情、有责任感，人缘好、善解人意、能保守受助者的隐私。

2. 制度建设

① 朋辈心理互助成员的主要职责

a. 积极向本班同学宣传心理健康和心理卫生方面的知识，使同学们了解心理发展的规律，对发展过程中出现的问题做到自我调节和自我保健。

b. 当本班同学出现情绪低落或有心理困惑时，做同学的倾听者与陪伴者，必要时鼓励同学积极寻求班主任、任课老师及心理老师的帮助。

c. 定期参加心理咨询室组织开展的培训活动。

d. 协助、配合心理老师开展有关工作，如组织开展团体活动等。

e. 对本班同学中存在心理问题和心理障碍的学生及时提供帮助，并每月一次向心理教师汇报。汇报的主要内容有：

· 本班学生对心理知识的需求；

· 本班学生的心理动向；

· 最近发现的同学中存在的心理问题；

· 自己在朋辈互助工作中的困惑；

· 对进一步开展心理健康教育工作的建议。

② 朋辈心理互助成员的义务

a. 准时参加学校组织的相关学习培训活动，并遵守相关规定和要求。

b. 宣传普及心理健康知识，组织相关校园文化活动。

c. 帮助同学解决一般性的心理问题。

d. 及时向相关部门反映学生心理健康情况。

③ 朋辈心理互助成员的权利

a. 接受学校组织的培训，学习心理学知识。

b. 优先参加学校组织的心理健康教育活动。

c. 优先使用学校心理辅导室的相关资源，如书籍等。

d. 获得相关实践证明，并在表现出色的情况下获得荣誉。

3. 专业培训

① 朋辈心理互助小组培训的主要内容

朋辈心理互助小组的培训主要是传授必需的心理科学常识和行之有效的心理训练及心理保健方法，具体包括：

a. 心理健康的标准。

b. 视障学生常见的心理问题。

c. 基本的心理学理论，如倾听的方法、各大心理学流派的思想等。

d. 怎样调适情绪，怎样控制行为，适当的宣泄方式，怎样寻求帮助，怎样寻求合适的求助对象和适宜的求助方法。

e. 推荐好的心理读物，为其他同学拷贝心理电子书籍。

f. 学习收集典型个案，完成同伴辅导工作记录表；学习观察、发现同学中情绪异常情况并及时向心理教师、班主任或任课教师反映。

② 朋辈心理互助小组培训的主要形式

a. 每年朋辈心理互助小组换届之后进行一次集中培训。

b. 定期组织心理委员的培训活动。

c. 每周或隔周召开一次工作布置会。

d. 定期对心理委员进行同伴心理互助案例督导。

4. 朋辈心理互助小组的工作开展

① 开展心理健康教育宣传活动

朋辈心理互助团可根据情况自己编写、设计校内心理刊物。目前，很多视障学校都有自己出版的校内心理杂志或心理报。需注意的是，校内心理杂志或心理报不要都由心理老师编辑设计，应调动起视障学生的积极性。如青岛盲校从2005年就由学生成立了《心语》杂志社，由学生自己编辑、设计，先后出版了5期《心语》杂志，并配有汉文版、盲文版和有声读物版等三种版本，深受学生喜爱。

通过定期更换心理宣传栏、开设学生心理讲堂的形式开展心理健康教育宣传活动。如青岛盲校2010年成立了心理社团——心理学读书会，每周一次的学生心理大讲堂，完全由学生组织、讲课，对宣传心理健康教育知识起到了很好的作用。

② 辅助心理健康教师做好学生心理健康教育

学校可每学期针对各年级学生的不同需求，开展面对面大型心理健康教育讲座。每次讲座前，学校都应组织心理活动小组了解同学们的想法和需求，为开展以年级为单位的心理健康教育大型讲座提供素材和翔实的案例，这不仅使讲座更加生动，而且使讲座更加具有针对性和有效性，能帮助视障学生解决心理问题，打开困扰他们成长的精神枷锁。

③ 开展同伴心理互助心理健康教育活动

在学校生活中，各班的心理委员可通过观察及时发现出现心理烦恼的同学，进行同伴心理互助。当遇到心理委员自己不能解决的问题时，他们可在督导过程中及时向老师请教。

心理活动小组可以为心理老师和学生搭建桥梁，让学生了解心理咨询。

为了引导同学用平常心看待心理咨询，必要时能够主动寻求专业的心理帮助，心理小组的同学们可以组织“请到心语小屋来”的参观活动，并带领需要帮助的同学来到心理咨询室进行心理辅导和咨询。

配合学校预防和干预同学心理危机事件。

目前，关于视障学生朋辈心理互助，无论是理论研究还是实践探索，至今都还不成熟。但只要真正把握朋辈心理互助的特性，拓展和创新与其相适应的有效的实施途径，朋辈心理互助模式无疑将在盲校心理健康教育工作中发挥越来越重要的作用。

【案例】

青岛盲校朋辈心理互助团

青岛盲校“朋辈心理互助团”成立于2005年。目前，青岛盲校朋辈心理互助团共分成两部分：青岛盲校心语杂志社和青岛盲校心理学读书会。

图4–1　2005年青岛盲校朋辈心理互助团成立

青岛盲校心语杂志社简介

一、成立目的

为了让同学们拥有良好的心理素质，能够健康、快乐地成长，以后能够更好地适应和融入社会，心理咨询室决定组织学生成立一个学生社团——赛快乐心语轩。

二、名称由来

赛快乐是英语Psychology（心理学）的音译同时具有追求快乐的意思；心语就是知心话；轩为走廊或通道。这个名字在告诉大家：我们是你心中的一片净土，通过我们这段心灵的通道，你将追求到自己的快乐。

三、服务宗旨

用我们最多的努力给最多的人带来最多的快乐。

四、组织结构

协会设心理顾问、会长，内设四个部：编辑部、设计部、网络部、有声读物部。

编辑部和设计部主要负责编辑设计本协会发行的《心语》杂志。《心语》杂志有心理常识、个性人生、趣味心屋、赛快乐指南、师生心桥、心语故事六大版块。希望它能为你带来快乐，给你一些人生启示，帮你度过人生道路上的一个个坎坷。

五、成果

出版了 5 期《心语》杂志（包括汉文版、盲文版、有声读物版）。

图 4–2 青岛盲校《心语》杂志汉文版、盲文版、有声读物版

图 4–3 青岛盲校第一届《心语》杂志社的同学们

青岛盲校心理学读书会简介

一、宗旨

服务于同学们的心理健康

二、组织机构

设会长、副会长各一名

下设部门及职责

策划部：策划和设计活动或其他事宜方案

宣传部：负责宣传事务

后勤部：负责后勤事物包括道具管理、经费计算等事宜

会员管理部：负责会员卡办理和会员书籍管理等事宜

注意事项：

1. 全体商议协定，决定人员数目，管理人员分配等。

2. 部长及所有管理人员都属于内部成员，普通会员属于外部成员。

3. 各部门要灵活机动，不被名称和职责所限制，尽力提高办事效率。

三、选举制度

1. 会长选举：内部成员先选举出两名候选人，然后在会员大会上通过全体人员投票选出会长。（是否加设副会长由指导教师和会长商量决定）

2. 部长由所有会员选举产生。

四、社团目标

1. 提高每一位会员的心理综合素质及心理学知识储备，提高心理学知识在校内的普及。

2. 发挥朋辈互助的作用，提高全校同学的心理健康水平。

五、开展心理健康教育活动

社团定期组织专题心理活动，活动由社团成员策划、组织。活动的内容包括开办心理讲堂，隔周举行一次，以帮助同学们学到实用的心理技巧，懂得心理知识，提升人际交往能力，成就更加强大的内心；根据学生的需要定期组织专题心理活动，比如：生活中的心理暗示、遗忘规律等；承办每年的525心理活动周的活动。

青岛盲校2013年“525 我爱我”心理健康活动周活动计划

“525”谐音“我爱我”，意在引发人们关注自身心理健康，追求更高生活质量的意识。因此，5月25日为心理健康日，5月25日所在的周定为心理健康活动周。

主题：积极自我，阳光心态，感恩你我

目的：普及心理常识，提高心理素质；快乐学习、快乐工作、幸福生活。

承办：青岛盲校心理学读书会、《心语》杂志社。

活动安排：

1. 全部活动的时间安排

5 月 20 日周一：下午组织“心理游园”活动。

5 月 21 日周二：沙盘团体心理辅导。

5 月 22 日周三：朋辈心理互助技能训练。

5 月 23 日周四：心理大课堂

5 月 24 日周五：心理狂欢夜

2. 主活动：心理游园

（1）主要内容

心理游园活动共分六个心理展区，分别为：大笑剧场、展示自我、智勇双全、心语传递、你我同行、幸亏有你。

① 大笑剧场

活动目的：在这个活动区里，进入者必扬起笑声一片，达到释放内心压力的目的，并学会幽默与别人相处，笑着面对生活。

负责人：李荣臻

组员：王嘉琪、李玉芹、金晓飞、刘振

地点：办公楼大厅

道具：音箱、搞笑服装、靠背椅、麦克风等、广告牌等

规则及活动形式：（特训、小学一二年级同学完成 A、B 中的任何一项即可过关，其他人则要完成 A、B 两项）

A. 讲一个笑话。

B. 请一位老师过来，并把这位老师逗笑。

② 智勇双全

活动目的：普及心理常识，锻炼学生的心理素质。

负责人：赵可嘉

组员：刘涛、马培涵、王奕霖、张壮

地点：操场西侧平衡木旁

道具：1个盆，1把锤子，2副低视力眼镜，1个秒表

活动规则：

每人请一位援助老师。

学生先闯第一关，若闯关成功，则老师闯第二关。若闯关失败，老师则从第一关开始。闯关过程中，老师和学生可一起回答问题。

活动内容：

第一关，学生戴低视力眼镜走平衡木并回答问题。

第二关，老师带低视力眼镜走十五个凳子组成的平衡木。在此过程中，要回答一些关于心理常识的问题。

③ 你我同行

活动目的：锻炼团队意识，增进老师和学生之间的感情。

负责人：马恩迪

组员：尹宗军、郝威、朱一帆

地点：小餐厅门口

道具：绳子、呼啦圈

活动规则：两人一组（学生和老师），用绳子系住两人相邻的手和脚，互相帮助走过一段路后穿过呼啦圈，两人弯腰倒退着从横木下穿过，并一起跳过大绳，跳绳有两次机会。

④ 幸亏有你

活动目的：让同学们懂得人和人之间需要互相帮助，互相依存。当别人遇到困难要及时出手帮助，对于别人的帮助要心存感激。让同学们尝试处理生活中的棘手事件，提高同学们解决问题的能力，完善同学们的思维方式。

负责人：祝贺

组员：栾晓君、杜彦春、俞彦、王金伟、宋飞龙、黄佳浩

地点：综合楼大厅门口

道具：小型音箱

活动规则：

抽签决定参加A活动还是B活动。（特训、小学一二年级同学不用抽签直接完成A中的问题就可过关）

A. 谢谢你的关爱

学生在规定时间内说出对你帮助最大的五个人。

老师要说出对你触动最大的五个学生。

B. 互帮互助

组织者将模拟五种棘手事件，参与者从五种事件中随机抽取一种进行解决。

模拟事件：

事件一：使不停哭闹的小朋友不再哭泣。

事件二：帮一个骄傲自大的人摆正心态。

事件三：想办法使一名情绪低落的同学开心起来。

事件四：帮助两个正在争吵的同学调解矛盾。

事件五：……

参与者完成任务即视为闯关成功，如果完不成任务，则由组织者给予气球大锤的惩罚。

⑤ 心语传递

活动目的：增进师生、同学间的感情。

负责人：胡玉倩、俞方圆

地点：初中教学楼前

活动规则：

老师和学生用即时贴写下对老师、同学的祝福贴在心形展板上。

⑥ 展示自我

活动目的：鼓励参与者上台展示自己，或亮出自己的特长和才艺或对自己进行肯定和欣赏。时间1分钟。

负责人：刘一铭

组员：沈立、杨智博、刘小阳、朱昱昊、范子伟、赵一飞

地点：大餐厅门口

道具：绣球、音响设备、音乐素材

活动程序：

A. 全部负责人以《江南 style》为背景音乐跳骑马舞。

B. 舞蹈结束后，由主持人以极快的语速简介本活动。

C. 台下观众与负责人进行歌曲 PK(包括歌词接龙、歌曲对唱、即兴演唱等)。

D. 用抛绣球的形式抽取同学上台展示自己。

展示内容：

· 自我介绍

· 才艺展示或抽签回答问题

抽签回答的问题如下：

抽到 a. 说出自己的五个优点；

抽到 b. 说出自己最成功的一件事；

抽到 c. 大声说五次：×××，你真棒！（××× 为自己的名字）

学生展示完之后要请一位老师上台展示。

老师展示完之后由老师再抛绣球决定下一位上台的同学。

E. 以修改后的《江南 style》为背景音乐，引动全场跳早操。

（2）奖品设置

每闯过一关只能获得一张闯关卡，老师若多次被学生邀请作为援助老师参加同一关，在同一关只获得一张闯关卡，重复参加视为友情演出。

奖品分通关大奖和幸运奖两种。

通关大奖：参加完六个展区后就可持六张闯关卡抽取通关大奖。奖品有拉杆箱、MP3、U 盘、生活用品等。

幸运奖：获得闯关卡少于六张的可抽取幸运奖一份。

学生兑奖地点：体育室门口

负责人：尚星屹、杨曼妮

图 4–4　师生同行 共闯难关

图 4–5　展示自我

图 4–6　大笑剧场

图 4–7　师生齐心 共同闯关

第五章　视障学生心理辅导与咨询

第一节　个别心理辅导及咨询

视障教育学校的心理健康教育除了要面向全体学生，还要特别关注个体差异，要对有特定心理发展需要的个别学生或有心理困惑乃至有心理与行为问题的学生进行个别心理辅导或咨询。个别心理辅导或咨询工作需要由接受过系统专业训练的专职或兼职心理健康教师承担。

一、个别心理辅导与咨询的理论基础

1. 来访者中心心理咨询

这是由罗杰斯所倡导的一个学派。其基本的假设是我们有了解自身问题的能力，也有解决问题的资源。因此，作为咨询者必须注重来访者自身的建设性以及健康的一面。把来访者所直接面临的现实场面作为咨询的重点，重视来访者对自身的感觉。咨询的目标是使来访者通过观察自身来求得成长和完善，不需要咨询者过多地干预和指导就可以产生变化，咨询者需要给出的是理解、真诚、支持、接受、关爱和积极的评价。

2. 行为主义的心理咨询

行为主义的心理咨询是以学习理论和行为疗法理论为依据的心理咨询，认为人的问题行为、症状是由错误的认知与学习所导致的，主张把心理咨询的着眼点放在来访者当前的行为问题上，注重当前某一特殊行为问

题的学习和解决以促进问题行为的改变、消失或新的行为的获得。行为主义的创始人是华生，但对心理咨询产生较大影响的却是巴甫洛夫的经典条件反射、斯金纳的操作条件反射和班杜拉的社会学习理论。在行为疗法中还有另外一些常用的方法，如系统脱敏法、想象厌恶法、强化法、思考停止法等。

3. 认知行为的心理咨询

认知行为疗法是一种通过改变思维或信念和行为的方法来改变不良认知，达到消除不良情绪和行为的短程心理治疗方法。具有代表性的有埃利斯的合理情绪行为疗法（REBT）、贝克和雷米的认知疗法（CT）和梅肯鲍姆的认知行为矫正技术等。

认知疗法对道德颓废、堕落、罪恶感和害羞症状较有效。对于创伤后应激障碍（PTSD）与情感性或焦虑性或人格疾患（反社会性、边缘性、自恋性人格疾患）并存的当事人，较常使用认知疗法治疗。

4. 精神分析的心理咨询

精神分析法又称为心理分析法，一般以1895年弗洛伊德与布洛伊尔出版的《关于歇斯底里的研究》作为心理分析正式创立的标志。它是通过自由联想、移情、对梦和失误的解释等来治疗和克服婴儿期的动机冲突带来的影响的一种方法。

精神分析在咨询过程中的应用：

① 自由联想：经典的自由联想是不管求助者脑子里浮现什么想法，都说出来。不管这些内容多么荒唐，自己感觉是多么微不足道，也不管它对现有道德规范多么不容许，也包括对医生的看法，不要有任何顾虑和约束地说出浮现在脑子里的所有内容。

② 阻抗：求助者表现出联想不够自如，常表现出说话中断、吞吞吐吐，或没有什么话可说了，或故意避开一些问题，或与咨询师辩论。阻抗是不愿把潜意识里的内容表现出来，因为他们很怕触动自己的“伤疤”。因为这是一个无意识过程，所以求助者是不知道的。破除阻抗并不容易，这是分析治

疗的最艰难过程，也是最费时间的原因。面对阻抗，咨询师要有足够的耐心，阻抗的出现也是发现求助者精神防御机制的重要线索。

③ 移情：在会谈中求助者把咨询师当做发泄的对象，这就叫移情。弗洛伊德认为移情是求助者把早年的经验移植到咨询师的表现，并不是对咨询师的真正态度，移情也分正性移情和负性移情。在移情中求助者往往把咨询师当做特殊的人物，这时候求助者可能对咨询师依赖增强，要求甚多，或在治疗师面前像个小孩或对治疗师产生爱恋。移情的出现对咨询师是很大的挑战，对移情的处理和解释也是咨询师的重要治疗技术。要让求助者知道他的这些表现是未成熟心理的再现。移情对治疗是至关重要的，也是在分析学里最难掌握的技术。

④ 对梦的解析：通过梦的解析，找到求助者的问题所在。

⑤ 解释、修通、领悟：治疗的过程里，咨询师对求助者的一些情况给予解释，但这种解释应在良好的治疗关系下进行。对于一些问题的提醒一般仅一次是不够的，求助者的很多问题会在生活里显示出来，所以咨询师应根据求助者生活上的变化，适时地给予提醒。持续帮助求助者解决冲突称为修通。在这种长期的治疗中，通过咨询师的提醒和帮助，求助者逐渐领悟到自己的问题所在。

二、心理辅导（或咨询）室建设

心理辅导（或咨询）室是开展心理咨询的必要场所。心理辅导室有不同的称呼，小学使用儿童化的名称，如“童心园”“知心小屋”“舒心吧”，中学则大都称为“心理辅导室”或“心理咨询室”，也有的称之为“心吧”“心语小屋”等。视障教育学校可根据学生和学校的实际采用恰当的名称，一般称为心理辅导室比较恰当。

心理辅导室的设施要按照《中小学心理健康教育指导纲要》的要求进行布置，为开展心理辅导交流的师生提供一个温馨的环境。有条件的学校可建立多个功能室，比如心理放松室、个别辅导室、心理宣泄室、心理沙盘室、心理测量室等。

1. 个别辅导室

功能：对需要心理帮助的学生进行个别辅导。

配置：

① 10 ~ 15 平方米左右的房子一间。

② 办公桌椅 1 套。

③ 两个单人沙发，一个茶几。根据房间的大小确定沙发的大小，摆放时要成约 60° 角或 90° 角。

④ 墙上配置来访者须知、心理辅导室（咨询室）管理规定等。

⑤ 书架一个，用来摆放一些内容健康且适合学生年龄特点的书籍、报纸和杂志。

⑥ 资料橱一个，用来存放学生心理档案和心理测试资料。

⑦ 饮水机一台，水杯若干。

⑧ 录音笔一支、钟表 2 个。

⑨ 中小学生心理测量软件一套。

环境要求：

① 辅导室的整体氛围要安静，不应布置分散学生注意力的物件。房间布置不要太复杂，要注意少在房间内布置有锐角形的东西以及干脆的直线。

② 采光、通风条件要好，最好冬暖夏凉，辅导室要给人以明朗、愉快的感觉。整个房间色调宜淡雅柔和，灯具、窗帘及办公用品以浅色为宜。不必太过豪华，避免产生距离感和沉重感。

③ 辅导室可适当地用鲜花、图画装饰环境（最好是山水风景画，也可以用一些心理图片，最好不用油画，因画面太满会让视障学生产生压抑感），给学生以休息、安定的感觉。小学心理辅导室的布置要有童趣和玩具以及比较高雅的装饰画或儿童画。

图 5–1　心理个别辅导室

2. 心理沙盘室

功能：运用沙盘心理辅导的技术对来访者进行心理疏导。

配置：

① 15 ～ 20 平方米的屋子一间。

② 沙盘架一个或多个（根据沙盘模具的多少来定）。

③ 沙盘 1 ～ 3 个，可分别为：干沙盘、湿沙盘、团体沙盘。

④ 单人沙发或椅子两个，茶几一个。

建筑类

人物类

交通工具类

动物类

图 5–2　心理沙盘模具

图 5-3　心理沙盘

3. 心理放松室

功能：心理放松室是来访者在放松椅上通过专业心理音乐的调节达到心理放松或进行催眠治疗的场所。

配置：

① 10 ～ 15 平方米左右的屋子一间。

② 放松椅一个或两个。

③ 单人沙发 2 个，茶几 1 个。

④ 音乐光盘及播放设备。

⑤ 心理健康挂图若干张。

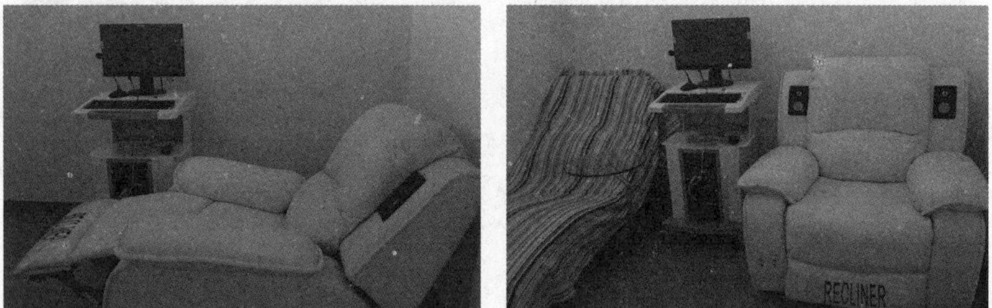

图 5-4　心理放松室

4. 心理宣泄室

功能：宣泄室可以让不同人群在一个安全的地方将心中的不快在可控的范围内宣泄出来，是压力释放极为有效的方法。

配置：

① 30 平方米左右的屋子一间。最好有隔音效果。地面和墙面全要软包。

② 基础宣泄器材：宣泄沙袋 1 个、宣泄球 1 个、拳击手套 2 副、毛绒抱枕、不倒翁、软坐垫等放松与暗示的玩具、宣泄墙、涂鸦板等。

③ 智能宣泄设备：智能呐喊机、爱心抱抱人、智能击打仪器。

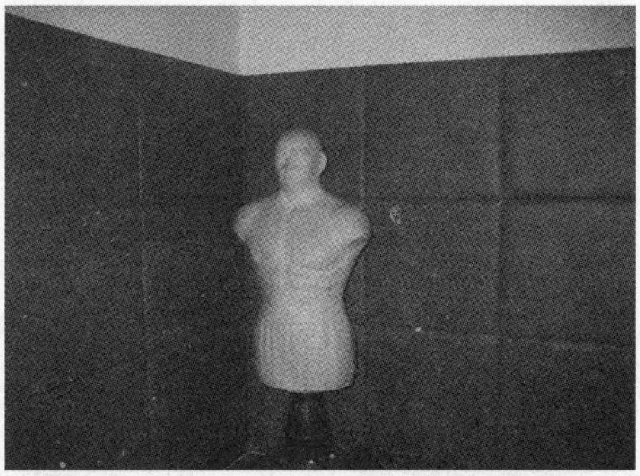

图 5–5　心理宣泄室

三、个别心理辅导与咨询的设置

心理辅导或咨询必须要有一定的设置， 比如辅导时间、辅导地点、辅导流程等等。这些设置只有一个目的，就是用来保证和促使心理辅导或咨询向有利于求助者成长的方向发展，更好地帮助来访者解决自己的问题。

1. 时间设置

心理辅导室开放一般安排在中午、课后或晚自修等时间段，必要时可利用正常课时。个人辅导的面谈时间一般以每次 50 分钟左右较为合适。

2. 预约设置

辅导时间安排上需要有预约设置。

预约方式主要有：

① 通过各班心理委员预约。

② 通过《心理信箱》或电子邮件预约。

③ 学生提前到个别辅导室进行预约。

④ 电话预约。

⑤ 通过校内网络系统预约。

3. 地点设置

心理辅导的地点设置应根据前来进行心理辅导的学生实际而定。一般地，第一次前来咨询或辅导可以安排在谈话室，再次咨询或辅导时根据实际需要而定。

图 5–6 心语信箱

四、个别心理辅导与咨询的过程

1. 预约

学生通过各种预约方式跟心理辅导老师提前进行预约。

2. 登记

学生来心理辅导室辅导前要进行登记，填写辅导卡。填写辅导卡的目的是了解来访者的一些背景资料。但是为了避免或减少学生一定的阻抗，可以让学生本着自愿的原则填写，可以用化名或代号。

3. 建立辅导关系

第一次辅导的首要任务是建立良好的辅导关系和搜集资料，辅导关系的好坏关系到心理辅导能否继续进行，能否进行得更顺利。为了消除学生的紧张情绪，心理辅导老师要给学生简要介绍心理辅导的性质与原则，特别要讲明尊重隐私的保密性原则。

4. 了解问题，分析诊断，制定辅导目标

通过来访者的自述和必要的询问，了解来访者个人的主观感受、行为表现、症状等，弄清来访者当前究竟被什么问题所困扰、问题的严重程度、持续时间以及问题产生的原因等。

从来访者的主诉中获取有关来访者心理状况的信息和资料，确定来访者的问题属于何种类型。谈话时，心理辅导老师要通过对关键问题的深究和询问，澄清事实，掌握真实情况。必要时，在来访者同意的情况下，还可进行心理测验，以明确问题的性质与程度，加强心理诊断的客观性。

根据了解到的资料和来访者一起商量制定辅导目标。

5. 心理辅导与心理指导

在对来访者心情和处境充分理解的基础上，帮助他分析自身问题的性质，寻找问题产生的根源，商讨解决问题的对策。辅导的过程中，要根据了解到的情况选择合适的辅导方法，如：精神分析辅导法、理性情绪疗法、行为主义疗法等。根据来访者求助问题的性质及来访者的意愿等选择合适的辅导技术，比如：心理沙盘辅导法、催眠辅导法等。

6. 结束关系

辅导取得预期效果后，辅导活动可暂告结束，引导来访者把在辅导过程中学到的新经验运用到日常生活中去，使其在不需他人辅导的情况下亦能自行解决困难。

【案例】

周三上午，在初二上完一堂心理活动课，心理辅导老师刚要走出教室时，低视力学生张某叫住了她，小声地问老师什么时候有时间，他想找老师谈谈。于是，老师跟他商量确定了他和老师都有空的一个时间——周四下午第四节，在心理辅导室见面。

周四下午第四节，他如期来到心理辅导室。老师请他坐下，让其先填写辅导登记卡。

师：有什么需要我帮忙的吗？

张某：我也不知道为什么，最近总是莫名的郁闷。

老师跟他一起回忆他的近期情况，他自己没有找到导致他郁闷的原因。

于是，老师问他是否愿意摆个沙盘，他同意了，并摆了如下沙盘（见图5-7）。老师让他给他的沙盘取个名字并描述一下这个沙盘。他给沙盘取名为“完美世界”，因为沙盘中有花、有树、有动物，就是没有人，所以才叫完美世界。于是学生的问题一下子就找到了，可能他的人际关系出了问题。老师让他感受他的沙盘，运用沙盘对他开始了心理辅导。

图 5–7　沙盘：完美世界

第二节　团体心理辅导

团体心理辅导是在团体的情境下进行的一种心理辅导形式。它通过团体内人际交互作用，促使个体在交往中观察、学习、体验，认识自我、探索自我，调整改善与他人的关系，学习新的态度与行为方式，以促进个体的良好适应与发展。

一、团体心理辅导的理论基础

群体动力学是团体心理辅导的重要理论基础之一。一个良好运转的团体，具有吸引各个成员的凝聚力。这种力量来自成员们对团体内部建立起来的一定的规范和价值的遵从，它使个体的动机需求与团体目标紧密相连，使得团体行为深深地影响个体行为。群体动力学的研究者——德国心理学家勒温认为，整体比部分重要，群体作为一种内在的关系组成的系统，其影响力或作用远大于孤立的个体。个体在群体中生活，不仅取决于个体的个人生活空间，而且也受群体心理场的制约。因此，团体心理辅导比个别心理辅导有更大的影响力和更好的辅导效益。

班杜拉在社会学习理论中指出，学习是直接经验学习和间接经验学习的综合。实验表明，观察他人的行为及其结果，有替代强化的作用。人从一出生就处于不断成长及改变自身的过程中，人的潜能随着对社会的适应与再学习而不断增长。团体心理辅导提供了有指导的社会学习情境，通过团体的经验与现代心理学智慧，增进个人身心的健康发展。

此外，卡尔·罗杰斯以人为中心的咨询理论、柏恩的交互作用分析理论和社会心理学中关于人际沟通、信息传播、人际吸引等的研究，也是团体心理辅导的重要理论基础。真诚而又温暖的团体气氛有助于人与人之间建立良好的关系，在互相关心和帮助中克服恐惧、焦虑心理，建立安全感。在这样的团体中，可以使人更多地开放自己，增进相互了解，在交流中取长补短。

二、团体心理辅导的意义

心理学研究证明，团体对一个人的成长与发展有重要的影响。团体心理咨询非常适合学校心理健康教育工作，有以下几个原因：

1. 学校中团体是自然而然存在的。

2. 受教育者都处于相似的身心发展阶段，有共同要面对的发展课题和成长困扰。

3. 成长中的青少年更关注同伴对自己的评价，更容易接受来自同龄人的建议。

4. 个别辅导的方式虽是一个有效的心理辅导途径，但不足之处是耗时多、受众面窄、解决问题单一。团体心理辅导能有效克服个别心理辅导的弱点，能通过设立特定的场景活动，利用团体成员间的互动达到集思广益、互帮互助、提高心理健康水平的目的。

团体心理辅导主要优势：

1. 适应面广，省时省力，效率高。

在团体心理辅导活动中，老师可同时对多人开展工作，既可以针对具有共同心理问题的十人左右的小组，又可以针对几十人的发展性群体，省时省力，效率高。

2. 形式多样，生动有趣，有利于吸引学生积极投入。

3. 感染力强，成员间互相影响，效果广泛。

团体心理辅导中，每个成员既是“求助者”又是“助人者”，可在有引导的相互影响中多视角地学习；团体心理辅导的内容广泛，有理论，有实践，有体验，有分享，学生可获得多重的反馈，从而产生心理与行为的改变。在心理辅导团体中，不但可以有效地影响或改变个人的某些自我概念或想法，还可以协助解决原本在个人之间难以解决的问题。

视障教育学校心理健康教育的重要使命在于使适应正常的广大视障学生具有健全的人格和良好的个性心理品质，促使其内心世界丰富、精神生活充实、潜能得到发挥与人生价值正确体现。从整体上看，虽然有不少视障学生会在心理和行为上表现出一些“问题”，但其中大部分是成长过程中出现的发展性问题，如学习能力差引起的学习困难，挫折承受力低而导致的情绪易波动，视力障碍引起的适应性问题等。这都属于学生正常心理发展中有可能出现并可以理解的问题，学校需要针对视障学生共同的成长课题，以发展性心理辅导为重点，进行心理健康教育与辅导。在这方面，团体心理辅导能充分地利用现有教育资源，起到更积极有效的作用。

三、团体心理辅导的目标与功能

团体心理辅导的功能与目标有三个层次：预防、发展和矫治。预防、发展重于矫治。也就是说，不是学生出现了心理问题才需要进行团体心理辅导，而是要通过心理辅导，一方面帮助学生掌握有关知识和社会技能，学会用有效的、合理的方式满足自己的需要，提高人际交往水平，学习自主地应付由挫折、冲突、压力、焦虑等带来的种种心理困扰，减轻痛苦和不适的体验，防止心理疾患的产生，保持正常的生活和学习。另一方面，要通过心理辅导，协助学生树立有价值的生活目标，认清自身的潜力和可以利用的社会资源，承担生活的责任，发挥个人的潜能，过健康快乐的生活。

在团体心理辅导中，教师和学生的地位是平等的，教师要允许和鼓励学生发表不同的观点、看法，要重视学生的意见，理解学生，尊重学生，不能居高临下地训斥学生，更不能讽刺、嘲弄学生；要无条件地关怀和接纳学生，不揭学生“短”；要让学生感受到教师对他们的理解、尊重和接纳，从而抛开心理上的防范，对自己的内心世界做更自由、深入的探索。

团体心理辅导的功能：

1．发展性功能：完成该年龄阶段青少年应该达到的发展水平。

2．预防性功能：预防该年龄阶段容易出现的偏差和问题。

3．矫治性功能：对已出现的心理问题和心理障碍给予纠正。

四、团体心理辅导的分类

1. 按团体功能分类

①“成长性”的团体心理辅导

注重成员的身心发展，协助成员自我认识、自我探索，进而自我接纳、自我肯定；注重成员生活知识和能力的充实以及正向行为的建立。学校中的心理团体辅导大多属于这一类型。

图 5–8　人际交往团体心理辅导

图 5–9　异性交往团体心理辅导

②“治疗性”的团体心理辅导

注重成员经验的深层解析、人格的重塑与行为的重建。这类团体活动通常在医疗或社会服务机构开展。

2. 按团体内容分类

① 结构性团体心理辅导

此类团体较注重针对团体所要达成的目标，设计活动以引导成员参与学习。

② 非结构性团体心理辅导

此类团体心理辅导中，领导者配合成员的需求、团体动力的发展及成员彼此的互动关系来决定团体的目标、过程及运作程序。

五、团体心理辅导的组织与实施

1. 前期准备

① 制定团体心理辅导目标

团体心理辅导目标的制定要注意有针对性，并具有可操作性。

团体心理辅导的主题名称要有吸引力，积极正向，并能够体现团体心理辅导的目的。团体心理辅导的主题名称要符合对象的年龄特点，容易使人接受。注意不要使用容易出现理解歧义的词句。题目大小要合适，太小或太大都不利于活动的开展。此外，针对学生的团体辅导活动名称最好由师生共同制定。

② 制订活动方案

制订活动方案要注意团体成员的特点、团体的规模、团体活动的时间和频率、团体活动的场地、团体活动所需的设备材料。特别要考虑一些常用的团体辅导游戏活动以及设计的目的、人数、场地、器材等。

③ 招募团体成员

◆ 通过海报、校园广播、校园网、校刊校报、宣传栏、心理委员等各种宣传途径，让全体学生了解将要举办的团体心理辅导的主题和有关事项。

◆ 招募团体成员：团体成员来源途径有通过宣传途径了解开班信息，自愿报名的参加者；心理老师根据平时的辅导情况给出建议而报名的参加者；通过班主任和任课教师介绍、动员而来的参加者。

◆ 团体成员的筛选：通过面谈和心理测试结果，筛选确定合适的成员。

◆ 宣布团体纪律：坦率真诚，保守秘密。

2. 团体心理辅导过程

① 关系建立阶段（一般用 1 ～ 2 次活动时间完成）

运用“群体动力学”理论，创设和谐、温暖、理解的团体心理氛围，使团体成员有安全感、肯定感、归属感。在活动开始，可以设计一些破冰游戏或热身游戏让成员彼此相识、彼此认同，消除沟通的障碍，引发成员参加团体的兴趣和需要。

② 主题实施阶段（一般用 6 ~ 8 次活动时间完成）

营造充满理解、关爱、信任的气氛，使团体成员相互尊重、愿意分享，并开放自己、探索自己。创设特殊的游戏或讨论情境，让各团体成员通过对他人的行为进行观察和模仿来学习和形成一种新的行为方式，使之开始融入团体之中，并找到自己在团体中的位置。谈论自己或别人共同关注的问题，分享成长体验，争取别人的理解、支持。同时，利用团体互动，增加对自我与他人的觉察力，把团体心理辅导作为练习和改善自己的心理与行为的实验场所，以期能扩展到社会生活中去。每次活动后，团体指导者要请成员做出反馈，及时地交流种种新的认识及感受。

③ 团体结束阶段（一般用 1 ~ 2 次活动时间完成）

总结整个团体过程，协助成员做出个人的评估，鼓励成员充满信心地面对生活，将团体所学用于实际生活。主要工作内容是：支持、肯定成长、巩固改变成果、处理离别情绪。常用方法有大团圆、总结会等。

经过多次的团体心理辅导之后，成员之间已建立了亲密、坦诚、相互支持的关系，团体心理辅导结束时可能会感觉依依不舍，有的还可能有强烈的情绪反应，因此系列团体辅导要提前几次预告团体活动的结束，要处理可能的分离焦虑，做好结束活动，这对巩固团体心理辅导的成果是非常重要的一环。

设计游戏活动的主要目的，是为了使成员能逐步摆脱对团体的依赖，把团体学习成果应用到日常生活中。当然，在可能的情况下，团体成员之间也可以继续保持联系，在必要时可互相鼓励、互相帮助。

成长评价也是团体心理辅导结束阶段的一个重要程序，要让成员填写“成员评量表”，交流个人的心理体验和成长经历。

3. 总结评估阶段

在团体心理辅导结束后，在一定时间内，要对参加团体心理辅导的成员做跟踪观察并得到反馈。通过班主任、任课教师、家长、同学侧面了解他们的学习、生活和情绪状况，特别要了解他们对团体心理辅导所探讨的主题在现实生活中的应用能力，调查团体成员的学习效果，即学习成果应用于真实生活的实效，适当开展团体成员联谊活动，建立和保持一个宽松型的相互支持团体。

六、视障教育学校学生团体心理辅导应注意的问题

1. 团体心理辅导要坚持预防为主，要有预见性和前瞻性，根据视障学生的身心发展规律定期或不定期开展团体心理辅导。

2. 团体心理辅导的专业技术要求较高，一般应由接受过专业训练的专兼职心理老师负责组织和指导。

3. 心理辅导前要认真做好调查研究，了解视障学生普遍存在的心理问题或困惑，有针对性地开展心理辅导，帮助学生解决实际生活和学习中的问题。

4. 心理辅导活动开始前，要讲清楚活动规则，如平等、尊重、保密等。

5. 团体心理辅导的规模不宜过大。人数一般是几个人、十几个人为宜，几十个人的团体辅导往往不易把握。

第三节　心理健康教育专题讲座

心理健康教育讲座，是面向数量较多的学生群体进行的心理健康教育。在目前视障教育学校心理教师严重不足的情况下，心理健康教育讲座是一种很重要的心理健康教育方式。

一、心理健康讲座的优势和不足

心理健康教育讲座具有时间短、普及广的优势。如利用 1 ~ 2 个小时的时间就可以对全年级乃至全校学生进行某个专题的心理健康教育知识普及。

心理健康教育讲座的缺点在于缺乏深入和互动。在讲座过程中，学生参与

活动体验的时间较少，教师讲解的深度也不够。但是，对于普及心理健康教育知识，讲座是一种很好的方法，尤其是目前视障教育学校心理教师的配备都还不太到位的情况下。学校定期举办面向全体学生或部分学生的心理健康教育讲座，有利于集中传授心理健康常识，增强学生维护自身心理健康的意识，提高学生对其自身心理进行调节的基本技能，让更多的学生接触到心理健康教育，从而普及心理知识，维护学生身心健康。

二、视障教育学校心理健康讲座的内容

心理健康教育讲座的内容可以针对学生中普遍存在的心理问题进行相关知识的普及与教育。在举办讲座前，主讲者应进行相关的调查和研究，了解学生的心理健康水平或心理发展需要，以便于在讲座中对普遍性的问题进行适时点拨、辅导和及时地反馈与解决，增强讲座的针对性和有效性。

1. 自我认识与接纳

自我认识是我们认识整个世界的起点，自我接纳是我们与外部世界和谐相处的基础。在小学生、初中生、高中生、中专生中均可开设提升自信的专题讲座，在高中段学生中可开设关于自我意识的专题讲座。

2. 情绪管理

心理健康的重要表现之一就是对情绪的良好感知和控制，它既包括对自己的情绪管理，也包括对他人情绪的感知。在各个年级段学生中均应开设情绪管理的讲座，教给学生情绪调节的方法。

3. 人际交往与信任合作

健康的人际关系是保障个体心理健康的重要保证。同时，人际环境也是一个循环，循环的好坏在很大程度上也是由每个个体自身的行为决定的。善意的行为引起良性循环，塑造出善意的人际环境，塑造出积极的心态。反之亦然。因此，在各个年级段学生中均应开设人际交往的讲座。由于视力障碍，视障学生普遍存在人际关系障碍，对视障学生进行人际关系方面的教育非常有必要，可在中学部学生中进行人际交往辅导。

4. 价值观与职业生涯规划

很多视障学生对未来感到迷茫，没有人生目标，也没有职业生涯规划，从而导致生活、学习没有动力。对学生进行价值观、人生观教育和职业生涯规划辅导，是心理健康教育的重要内容之一。人生规划辅导适合在初三、高中和职业教育学部的学生中开展。

5. 学习心理

对于学生而言，学习是生活中的主要内容，学习能力的高低严重影响学生的自尊与自信。在初三、高三的学生中应开设考前心理辅导；在初一、高一、中专一年级的学生中可开设学习方法的专题辅导或讲座。

6. 适应心理

主要包括新生适应、后天失明学生对自己视觉障碍的适应以及社会适应等。学校可以在小学一年级、初中一年级、高中一年级和中专一年级的学生中进行新生适应培训，在全体学生尤其是中学部学生中开展社会适应培训，在后天失明学生中进行对视觉障碍适应的个别辅导。

7. 青春期心理

青春期阶段学生面临巨大的生理和心理变化，这个阶段应开设青春期心理专题教育讲座，如在小学五、六年级以及初中开设青春期生理讲座；在初中、高中、中专学生中开设青春期心理辅导及异性交往专题讲座；在小学中低年级开设“我是男生”“我是女生”的性别意识专题讲座；对初中、高中、中专的女生开设“女生学会保护自己”等专题讲座。

图 5-10　高考心态讲座

图 5-11　女生学会保护自己专题讲座

第六章　视障学生主要心理障碍及调适

第一节　视障学生心理特征及存在的主要心理问题

一个人的心理是异常复杂的，概括起来可以分为：认知、动机、情绪、能力和人格。心理学研究表明，视障学生心理活动的本质与明眼人是相同的，视障中小学生的身心发展规律与明眼中小学生基本是一致的。但视力缺失对视障学生心理的影响也是很大的，而且随着年龄的增长，视力缺失对其心理的影响有增大的趋势，这是做好视障学生心理健康教育工作所不容忽视的。

一、视障学生的心理特征

1. 视力缺失对视障学生的心理影响

心理学研究成果表明：视力缺失对视障学生的心理影响主要表现在心理发展的水平、速度和程度上。视障教育学校的教育教学实践也充分证明了这一点。

① 认知方面

由于视力不同程度的缺失，听觉、触觉成了视障学生接受外界输入信息的主要渠道，但视觉的不可完全替代性，决定了信息的输入是不畅通的，使得视障学生获得的信息并不全面，不完全的信息经过头脑加工、处理，转换成内在的心理活动，进而再支配其行动，就不可避免地会出现偏差，即认知偏差。

视障学生的认知，不仅认知主渠道与明眼学生不同，且由于视力缺失导致其个体活动范围受限、感知的范围受限，再加上许多信息根本无法通过其他感觉来代偿感知，如颜色、亮度、光、气体等触觉无法感知，太大、太小或太远的物体触觉亦无法感知，因而视障学生认知的广度、速度、深度等都不及明眼学生。

② 动机方面

家庭、社会对视障学生的要求偏低，且其受外界刺激减少或不完全，使视障学生动机、目的、兴趣、理想等都因视力缺失而受到一定程度的影响。具体表现在：动机意识不强，即其朝向某一目标的内部动力不足；兴趣、爱好的种类和内容偏少、单调；理想与现实的矛盾冲突较多，生存成为视障学生的第一需要，使其表现出更多功利的一面等。

③ 情绪或情感

视障学生在加工外界输入的信息时，视力的缺失有时使他们不能准确认识事物的属性、特征以及关系，有时甚至产生较大误差，这给他们造成许多情感上的困扰，容易引起对事物满意、不满意、喜爱、厌恶、憎恨等主观体验上的起伏，导致情绪或情感不稳定，容易出现焦虑、暴躁、冲动等不良情绪。

④ 能力和人格方面

视障学生在获得和应用知识的过程中，或在信息加工的过程中，形成的心理特性具有多样性，如有的学生语言能力强，有的语言能力弱；有的记忆力好，有的记忆力差；有的动手能力强，有的动手能力很弱；有的思维能力强，有的则思维比较混乱等。

2. 视障学生的心理特征以及表现

① 差异性

视障学生的心理特征，有的是暂时的，偶尔出现的；有些是稳固的，经常出现的。但在个体上都表现出明显的差异性，如，随着年龄的增长、社会阅历的扩展和思维方式的发展，动机由单纯走向复杂。小学生的动机单纯，初中学生的动机就变得复杂起来，到了高中阶段动机变得更加复杂。再如，视障学生的能力差别极大，有的学生各方面能力很强，甚至一点不比明眼学生弱，表现出很强的学习能力和社会适应能力；有的学生则各方面能力极弱，甚至有的学生连生活自理都做不到，不是他们不努力，而是不管如何学习和训练就是做不到。

② 认知的复杂性

对于明眼学生来说，80% 的信息来自于视觉，而视障学生由于视觉不同程度的缺失，认知主渠道变为触觉、听觉。触觉、听觉感知远比视觉感知更复杂，也更困难，且触觉、听觉感知个体差异较大，再加上受不稳定情绪和情感的影响和复杂动机的支配，使视障学生的认知表现出复杂性。

③ 自我意识偏颇

人的心理不同于动物，它具有意识的特点。这不仅使人能动地认识世界和改造世界，且能觉察到外部事物的存在和自己的内部心理活动，能把自我与非我、主体与客体区别开来，即不仅能意识到客体的存在，而且具有自我意识，这种自我意识使人能够对自己的所作所为进行自我分析、自我评价、自我调节和自我控制。

视障学生的自我认知、对自己的态度等自我意识往往有偏差。有的学生认为自己眼睛看不见或看不清，过度关注自己与明眼学生相比不能做什么，越比较越认为自己什么也做不了，因而过度依赖他人；有的学生认为自己眼睛看不见，别人都瞧不起自己，因而表现出更多的自卑，甚至自怨自艾，讨厌自己；有的学生不能正视自己的视力障碍，不愿意让人知道自己是视力障碍者，表现为不愿意带盲杖出门，认为这样别人就不知道他是盲人了。这种自欺欺人的心理在视障学生中比较普遍。

视障学生对自己的认识与学生本身的世界观、价值观有关，也与他人、社会对他们的认识与态度有关，家庭、父母对他们的影响更是显而易见的。如他人的同情、怜悯，往往使视障学生更加自卑，对自己的认知偏差更大；社会对他们的歧视和不公平对待，也会让他们更加厌恶自己，甚至形成反社会型人格。

④ 对他人、社会认知的主观性

心理学研究表明，视障学生更易以自我作为认识世界的中心，即从“我”的范围和角度看世界，因此对社会和他人的认知主观色彩更浓。

视障学生对他人的态度，对社会的态度，也会受其自我认知心理的影响，其自我认知的偏差也更容易使他们对他人、对社会、对人际关系等产生更大偏差。如有的学生常常过分在意自己与明眼人的不同，经常会敏感于他人的议论和目光，误解他人善意的帮助仅仅是同情和怜悯，因而对社会的关爱和他人的帮助有时默然待之，或者认为理所当然，缺少感恩之心。再如，视障学生看不到或看不清楚他人在做什么，容易否定他人的劳动，或自己凭空臆想他人正在干什么，或臆想他人做了对自己不好的事情，或错误地对待他人。

⑤ 注意的有选择性

注意，即对事物和活动的指向和集中，它的基本作用是选择信息。视障学生与明眼学生的注意有很大差别。由于视觉受限或完全消失，视障学生受到外界的刺激、诱惑和影响较小，因此视障学生对某些事物和活动的注意更容易集中，且集中的时间较长，如对靠触觉感知和听觉感知的事物注意力易集中且维持的时间较长，全盲学生比有残余视力的学生尤甚。

⑥ 心理的排他性

人是社会的实体，生活在各种社会团体中，并与其他人结成各种关系，便会产生团体心理或社会心理。视力障碍的学生很容易形成自己的圈子（团体），并且在这个圈子里互相交流。视障学生的这个圈子很大——范围广，但又很小——人数少。视障学生的团体心理，必然会直接影响视障学生个体心理或个体意识的形成与发展。视障学生团体与明眼人的各种团体相比，排他性较强，受其影响，视障学生个体往往亦会出现较强的排他性心理，表现出只愿意与视障学生交朋友，不愿与明眼人交朋友，甚至自我封闭等现象。

⑦ 行为的复杂性

行为与心理有着密切的联系，心理支配行动，又通过行为表现出来，心理的复杂性引起行为的复杂性。因此，由外部行为可以推测内部心理过程。视力缺失对行为的影响也是显而易见的，由视障学生的行为可以研究、推断其内部的心理过程。

综上所述，由于视力缺失，视障学生的心理特征突出表现在：

◆ 第一需要是生存。安全、行走、适应社会等成为其心理关注的重要内容。

◆ 希望得到关爱。

◆ 认知受限，易主观、片面、极端。

◆ 自我中心和特惠思想比较严重。

◆ 意志薄弱，控制力弱，易受情绪困扰，常有孤独、焦虑和恐惧等不良情绪。

由此可见，心理健康教育也是对视障学生进行补偿教育和康复训练的重要方面。视障学生的心理健康教育除了与普通学生大体一致外，还应在内容、形式、方式方法、手段等方面充分考虑视障学生的特殊性和个体差异。

二、视障学生存在的主要心理问题

视障学生的整个成长过程中，除了会存在和同龄明眼学生共有的心理问题外，还会因为自身的特殊经历和视力障碍的实际产生其独有的心理障碍。

1. 视障学生和明眼学生共有的心理问题

①适应问题

适应，是指人们对外界和内部的刺激在持续不断的影响时所产生的感受能力。如果适应不良，它将会降低人们对刺激的承受心理，使人与周围环境不能相对平衡。

以视障高中生为例，学生由初中升入高中，可能要面临三个方面适应问题。一是地点的变换。可能由一个学校到另一个新学校，环境发生了变化，许多地方都是相对陌生的。二是学习内容、学习方式与以前不同。刚升入高一年级的学生在这方面也可能不适应。三是人际关系的变化。新老师、新同学、新的人际圈需要自己去建立。对于不善交际的人来说，会感到困难。而视障高中学生还存在着到外地求学，对不同地域生活习惯、风土人情、不同地域同学的不同性格的适应等。

目前，国内视障教育学校的学部、层次设置、课程设置参差不齐，为了学到更多的知识，视障学生还较多存在着转学现象，即从一个学校转到另一个学校插班学习。对于插班的学生来说同样也面临着很大的适应问题，如有些学习跟不上，有些不能融入新的班集体，有的人际关系处理不好，等等。每个人适应的时间长短不一样，但大部分同学在半年或一年后会逐步适应新的环境，情绪也会好转。也就是说，插班学生的这些问题大多在第一学期后会得以解决，但这些问题解决不好，就可能对学生产生严重的心理压力，导致情绪失调，重则会诱发为心理疾病。

【案例】

李某某，男，初三。

主诉：转学插班后，数学、英语等学科跟不上，而且他觉得现在的学校生活节奏比他以前的学校快很多，自己很难适应。另外，他是南方人，来北方后，饮食等生活习惯也不能适应，因此整天感觉很郁闷。

分析：该生属于典型的适应问题。一方面是对不同学校学习节奏、教师授课风格、自己在班级中学习位次（不是成绩排名，而是强烈感觉自己学习不如别的同学）等不适应；另一方面是对不同地域饮食、生活习惯、风土人情和人际关系不适应。

② 学习问题

学习问题是每个学生在整个学习阶段中都会不同程度存在的问题。学习问题包括学习态度、智力发展、学习效率、学习目标、学习动力、学习专业与就业等。

每个视障学生个体存在的学习问题是不同的。有的学生学习刻苦，态度端正，智力发展正常，但学习效率低下，究其原因要么是学习技能障碍，要么是学习方法欠缺；有的学生学习不认真、不刻苦，上课不听讲，下课不写作业，得过且过，究其原因可能是学习动力缺乏。

明眼学生承受着巨大的就业压力，而视障学生则还存在着学习、就业专业单一的烦恼。很多视障学生不喜欢按摩专业，但其他可供选择的专业又很少，因此不少学生会认为学好学坏都一样，反正都是做按摩。

【案例】

王某某，男，高二，19 岁，低视力。

主诉：从明眼学校转来视障教育学校后，开始他感到很幸福。他在明眼学校的同学都忙于考试而他却可以从头开始学习一门乐器；原来处处都需要别人帮忙，而现在担任护导队员，处处帮助同学；原来他的数学、英语成绩很差，现在在老师的辅导下，逐步赶上了其他同学。他原来学校的同学经常跟他联系，上高二的时候，那些同学开始谈论自己将来要做什么，上什么大学，而他想到自己只能上特教学院学针灸推拿，将来从事按摩专业，于是失去了奋斗的目标和学习的热情。

③ 网络成瘾

视障学生因为朋友少，且住校生活相对封闭，所以他们更喜欢上网聊 QQ。有的学生甚至还存在迷恋网络游戏和网络小说的现象。视障学生跟明眼学生相比，能参与的活动少，而且适合他们阅读的盲文书籍又比较少，因此他们对网络小说的迷恋更严重。很多视障学生会把网络小说拷贝到各种音频播放器上，整天耳朵上挂着耳机，一有空就听书，有时甚至出现被故事情节所吸引而无心学习的现象。

④ 青春期叛逆及早恋

每个孩子出生后，对世界是一无所知的。他们不断从家长或老师那里获取知识，并且学习他们对事物的判断标准和原则。随着青春期的来临，他们慢慢地有了自己的观点和想法，并且有时自己的观点想法会和父母的不一致，这就有可能跟父母产生矛盾，甚至是冲突。同时，随着他们自己的认知能力、学习能力等各方面的发展，他们认为自己已经长大成人了，不想让父母过多地管教，而父母还一直处在孩子小需多管教的习惯状态。因此，父子、母子双方往往出现冲突，久而久之孩子与父母在感情上就容易出现裂痕，他们会变得不愿与父母沟通，逆反心理严重的甚至公然和父母对抗，造成家庭终日笼罩在痛苦的阴云里，家长烦恼，孩子也痛苦。

处于青春期的视障学生，往往变得固执己见，不愿听从老师和家长的管教，还极容易出现令老师和父母担心害怕的“早恋”问题。其实，异性吸引以至于异性间的单独交往，也属正常。问题是交往双方，无论是不是真的在恋爱，都会遭到老师、父母以及周围人的压力和反对，而她或他自己也面临着以学业为重还是以感情为重的选择，于是内心就会充满了困惑、矛盾和痛苦，此时出现心理问题在所难免。有的同学表现出强烈的逆反心理，“你不让我谈恋爱，我偏要谈给你看”，从而把自己逼上了绝路，荒废了学业，耽误了一生；有的同学为此很烦恼，整天闷闷不乐，郁郁寡欢，心里十分压抑；有的学生不想谈恋爱，但看到别的同学谈又担心别人说自己没有人喜欢，故而天天想着恋爱的事情而无心学习，甚至因此也会主动去“恋爱”。

视障学生比明眼学生更缺少朋友，爱情填补了友谊的空缺，他们甚至会把异性间的友谊当成了爱情。因此，早恋在视障学生中普遍存在。再者，他们走出校门之后很难找到合适的恋爱对象的社会现实有时也会成为促使他们早恋的因由。

值得注意的是，因为视力障碍，他们的生活中经常会有肢体的接触，这往往使他们很难理性地处理感情，因此极易做出过度亲密的行为。

2. 视障学生突出的心理问题

每个视障学生都有一个心酸的人生故事，在先天失明或后天失明的痛苦、困惑与挣扎中，形成了他们特有的心理问题。

① 无目标、无兴趣、无朋友

◆ 无目标

因视力障碍以及受目前视障教育体系所限，视障学生毕业后除了极少数的学生学习音乐和其他专业外，绝大部分学生都要学习针灸推拿，从事按摩工作。

不少学生不喜欢按摩专业，又没有更多更好的选择，面对单一的人生出路，以至于丧失了自己的人生目标。因此，他们中有不少同学在学校会感觉很迷茫、无聊、空虚。

【案例】

刘某某，男，15岁，低视力，初二。

主诉：迷茫，无聊，郁闷，行动缓慢，拖延，懒（懒得写作业，懒得洗衣服，懒得听课等）。

分析：迷茫、无聊、行动缓慢等的主要原因是缺乏生活动力，缺乏生活动力的原因是因为没有人生目标。老师在与他的沟通中了解到，他初中以前是按照父母要求的生活方式生活，父母要求他好好学习，长大从事按摩，于是他好好学习。初中以后，他开始迷茫，因为父母给他设定的生活目标他不喜欢，而他又还没有设计出自己喜欢的生活目标，因此他现在就处于迷茫阶段，生活缺乏动力，过一天混一天。因为没有动力，所以什么都不愿意做，懒得听课、懒得写作业。

◆ 无兴趣

视障学生因为视力的限制，能参加的活动比明眼学生少很多，比如明眼学生课余时间可参加的活动有：登山、跳舞、绘画、旅游、溜冰、游泳、打牌、打球、唱歌、集邮、钓鱼、书法、溜滑板、郊游、看电影、散步、摄影、放风筝、踢毽子、打弹珠、棋类活动、赏花鸟等，而这些活动有很多是视障学生不能参加的，即使能参加的活动，也会由于视力障碍的限制，其趣味性打了很多的折扣。这让视障学生感到提不起兴趣来。当然，学校有时会组织一些兴趣活动，但有时由于没有顾及学生的兴趣和能力，反而会引起学生的抵触情绪，产生排斥行为。视障学生校园生活的课余时间被占用，又缺乏挖掘自己感兴趣活动的主动性，导致大部分视障学生存在“无兴趣”的无聊状态。

◆ 无朋友

国家规定视障教育学校每个班的人数为 8 ～ 12 人，班级人数少，再考虑性别因素和性格因素等，视障学生在同班找到知心朋友的概率很小。住校的学生还有可能在宿舍找到不同班级和不同年级的朋友，但年级不同，学生共处的时间和共同语言会相对较少，所以很多视障学生会因缺少朋友而感觉孤单。

以上“三无”问题容易导致视障学生出现其他连锁问题，比如：网瘾、早恋、厌学等问题。

② “两极端”现象

◆ 人际交往方面：交往不主动但好奇心又很强

视障学生大都会有自卑感，觉得比明眼学生矮一头，因此不愿意主动和别人交往。长期的自我封闭让他们不善于和别人交往，甚至面对对方时不知道该说些什么，不会主动找话题，所以很容易彼此尴尬。有时候，视障学生对人，特别是对明眼人，常常抱有戒心。再者，由于与外界接触的机会少，视障学生和校外的社会往往脱节，有时较难理解同龄人的想法和行为。长此以往，就会越来越孤僻，渐渐封闭自己，交往越来越被动。

但他们对外面的世界又充满了好奇，尤其是全盲的学生，因为看不见，更想知道外面的世界是什么样子，所以每到一个新环境，他们就会用手去摸摸、看看，充满了好奇心。如果跟他交往的人能给他安全感，他们也会很愿意跟对方交流。

◆ 自我意识方面：过度自尊又过度自卑

过度自尊是自卑的表现。视力障碍让视障学生常常觉得自己不如别人，因此会自卑、悲观、不自信等，尤其是一些后天失明的学生，会有一些不如别人的想法，总是觉得自己没有用，而且不敢在别人面前承认自己是视力障碍者。由于视力障碍，他们需要获得别人的帮助，但当别人帮助他们的时候，他又不是非常情愿地接受别人的帮助，尤其不愿意被其他人知道他在接受别人的帮助，觉得别人的帮助伤害了他们的自尊。因此在面对别人帮助的时候，部分学生内心的感受不是感恩而是负担，有些学生会认为这是上天的不公才让他们有诸多的不方便，因此别人帮助他们是应该的。当然，这也只是一部分视障学生的想法，大部分学生会心存感激，从而把接收到的爱心传递下去。

◆ 情绪的两极化：坚强与脆弱，麻木与敏感

在巨大的应急事件打击下或长期精神压力下的人往往会出现两个极端：一是过度坚强，以后再遇到较大的伤害事件不再引起他们巨大的情绪变化，实际上是麻木。二是特别脆弱，以至于过度敏感。有一部分视障学生内心极为敏感，对外界发生的事物或别人的评价经常特别在意，特别敏感，从而导致情绪的起伏变化，甚至别人一句无意识的话就有可能让他们郁闷很长时间。

◆ 自责与自我中心，自弃与发愤图强

部分视障学生在失明后会非常自责，尤其是后天失明的，他们会觉得自己给父母带来了很大的负担，因此会发愤图强，好好学习，争取早日替父母分担一部分肩上的重担。但也有一部分视障学生，因为看不见，从小就过着衣来伸手，饭来张口的生活，因而养成了以自我为中心的心理，并且越长大越觉得上天对他不公，从而抱怨人生，自暴自弃。

3. 其他方面

① 性格方面：偏执和冷漠，孤独和敏感

一个人性格的形成既来自于遗传，又受外界环境和教育因素的影响。视障学生中，有先天失明的，也有后天失明的，他们在性格上表现出来的心理问题，有明显的差异。

一般来说，先天失明的学生心理问题较多地表现在偏执、倔强和冷漠，后天失明的学生心理问题较多地表现出自卑、孤独和敏感多疑。先天失明学生由于生来就双目失明，因此对外界环境了解少，信息量缺乏，认识事物、看问题更容易片面，正所谓“盲人摸象”，久而久之，便容易形成偏执、倔强和冷漠的心理特征。后天失明的学生，或有残余视力的学生，对自然环境和事物有较多了解，但视力的残缺和丧失，使他们既要承受失明所带来的压力，又害怕别人的歧视和嘲笑，因此，容易形成自尊心和自卑心并存的矛盾心理，并衍生出

疑心过重的心理特征。

② 情绪方面：焦虑、恐怖、敌对

黄柏芳（2004）对浙江盲校学生进行了心理健康诊断测验，结果显示，视障学生最严重的问题是焦虑、敌对；李祚山（2005）的研究发现：视障学生的心理健康问题主要表现在冲动、恐怖和身体症状焦虑过高；邓晓红等对广东省盲校学生的调查研究显示：视障小学生的心理健康问题主要表现在对人焦虑、自责倾向、过敏倾向和学习焦虑。

第二节　视障学生主要心理问题的调适

一、学习心理障碍

学习，是学生的主要任务，也是促进视障学生身心健康成长的主导因素。学生的学习是指在教师的指导下，有目的、有计划、有组织、有系统地接受和掌握科学文化知识，发展智力，培养能力，形成良好道德品质和科学世界观的过程。

1. 视障学生普遍存在的学习问题

① 学习动力不足

视障学生学习动力不足主要有三个原因：一是学习目的不端正、学习目标不明确，甚至没有学习目的与目标。二是学习意志、品质问题。由于视力障碍，视障学生往往会产生学习畏难情绪。三是没有学习兴趣。

② 缺乏学习兴趣

学习兴趣可以激发学习的动力，但有些学生却缺乏学习的兴趣，比如不喜欢某些学科或者因为不喜欢某一学科的老师从而也不喜欢这个学科，甚至有些学生对所有学科都不感兴趣。

③ 基础薄弱影响新知识的学习

有些视障学生学习的基础没打好以至于影响现在的学习，比如有些低视力学生原来在明眼学校随班就读，因为视力障碍，家庭和学校对其要求低甚至无要求，他们的随班就读基本是变成了随班就“坐”，转到视障教育学校后可能就出现因基础薄弱而影响学习的情况；还有的学生从一视障教育学校转到另一视障教育学校，因为全国各个视障教育学校的教学水平参差不齐，开设的课程及教学进度差异较大，他们转学后往往某些学科比较薄弱影响当前的学习。

④ 盲文摸读速度慢影响学习

每个人的触觉感知是不同的。有些学生先天触觉不敏感，有些学生后天失明后由汉文改用盲文，有些学生因视力越来越下降，由用汉文改为用盲文。这些学生读盲文往往会因摸读速度慢，影响学习。

当然，低视力学生也会因识字量少、读书慢、看不清楚而影响学习。

⑤ 学习方法不得当

有些学生没有掌握科学的学习方法，导致虽然很努力但仍然学习成绩不佳。还有一些学生升级后，比如小学升入初中、初中升入高中后，没有及时转变学习方法导致学习障碍。

⑥ 没有良好的学习习惯

如果智力正常发展，学生的学习效果不理想，除了基础不好，一个很重要的原因就是学习习惯不好。视障学生存在的学习习惯问题有：课前不预习，上课学习不认真，课后不复习，读书少，不能认真完成作业，不善于思考等。

2. 视障学生学习心理的辅导

① 学习态度辅导

主要是要让学生端正学习态度，增强学习动机，激发学生的学习兴趣，培养学生的学习情绪，磨炼学生的学习毅力等。可开展学习的苦与乐、成功之路、我的理想等辅导活动，端正学生的学习态度。

主动学习，能让学生强烈地感受到自己在学习活动中的能力，有利于学生体验到成就感，有利于激发学生的学习的兴趣。因此，要让学生认识到消极被动是学习的大敌，使其养成学习的自觉性，进入主动学习的状态，自觉预习，积极参与课堂活动，主动完成作业，及时复习功课。

② 学习方法辅导

主要包括预习、复习、听课记笔记等方法和不同年级段学习的特点及对应的学习方法。

③ 良好学习习惯的养成辅导

主要有学习中的注意力倾向、记忆的习惯方式、思考问题和解决问题的心理定势、作业和复习的行为习惯等。在学生的学习习惯辅导过程中，应注意培养学生学会自己激励自己，自己支配自己，使之掌握读书、记忆和思考的方法，养成制订学习计划并持之以恒地完成计划的习惯，养成认真听课、勤读书和多动手记笔记的习惯等。

④ 学习能力辅导

主要是开发、培养、训练各种学习能力，如开展注意力训练、观察力训练、记忆力训练、思维能力训练、想象力训练等辅导活动，可提高学生的智力水平。

⑤ 考试心态辅导

端正对考试的认识并学习考试心态的调整方法。

⑥ 合作学习能力的辅导

引导同学之间互相交流，取长补短，形成和提高合作学习的能力。比如有些同学英语较弱，有些同学数学较弱，他们就可以互相交流自己优势学科的学习心得或帮带对方的弱势学科，合作学习，共同提高。

二、神经衰弱

1. 概念

神经衰弱是指大脑由于长期的情绪紧张和精神压力，从而导致精神活动能力减弱。其主要特征是精神易兴奋和脑力易疲劳、睡眠障碍、记忆力减退、头痛等，伴有各种躯体不适等症状，病程迁延，症状时轻时重，病情波动常与社会心理因素有关。大多数病例发病于 16 ~ 40 岁之间，两性发病数无明显差异。从事脑力劳动者占多数。本病如处理不当可迁延达数年甚至数十年。如遇新的精神因素或休息不足，症状可重现或加剧。但经精神科或心理科医生积极、及时的治疗，指导病人消除病因，正确对待疾病，本病可缓解或治愈。

2. 症状

① 易兴奋、易激惹。

② 脑力易疲乏，如看书学习稍久，则感头胀、头昏；注意力不集中、记忆力减退。

③ 头痛，但部位不固定。

④ 睡眠障碍，多为入睡困难，早醒，或醒后不易再入睡，多噩梦。

⑤ 自主神经功能紊乱，可心动过速、出汗、厌食、便秘、腹泻、月经失调、早泄。

⑥ 继发性疑病观念。

3. 视障学生神经衰弱的原因分析

① 巴甫洛夫认为，高级神经活动类型属于弱型和中间型的人，其个性特征表现为孤僻、胆怯、敏感、多疑、急躁或遇事容易紧张。

② 神经系统功能过度紧张、长期心理冲突和精神创伤引起负性情感体验，生活无规律，过分疲劳得不到充分休息等都可以是其起因。如高三、初三的视障学生，学习过度紧张，脑力活动时间过长，任务过重，自我要求特别严格，容易引起过度紧张和疲劳。

③ 感染、中毒、营养不良、内分泌失调、颅脑创伤和躯体疾病等也可成为本病发生的诱因。

④ 长期的心理冲突和精神创伤引起的负性情感体验是本病另一种较多见的原因。如插班生来到新的班级后不适应、恋爱问题处理不当以及人际关系紧张，都可能引起学生的思想矛盾和内心冲突，成为长期痛苦的根源。又如，亲人突然死亡、家庭突遭重大不幸、学习或生活受到严重挫折等，也会引起悲伤、痛苦等负性情感体验，导致神经衰弱产生。

⑤ 生活忙乱无序，作息不规律也是神经衰弱的易发因素。如有的视障学生中途发生眼疾或失明，往往会有相当长的一段时间就医或在家休息。刚一失明，既怕别人笑话，又恐惧陌生的环境，因此白天无所事事的睡觉，晚上反而无困意，白天黑夜颠倒，往往会导致失眠和神经衰弱。

4. 神经衰弱的自我调适

① 保证充足的睡眠，合理安排作息时间，积极参加多种体育锻炼和体力劳动。

② 培养良好的性格，使性格向着勇敢、坚定的方向发展。要勇于克服学习、生活中各种困难和挫折，并保持乐观的情绪。

③ 正确对待疾病的发生。不要太关注于疾病，做自己应该做的事情，对于结果顺其自然。

5. 神经衰弱的个别心理辅导

① 可先从调适睡眠开始。

② 了解森田疗法的精髓：为所当为，顺其自然。

③ 放松后积极的自我暗示：为所当为，顺其自然；畅想积极的未来。

【案例】

张某某，初三学生，女，17 岁。

主诉：晚上睡不着，睡眠质量差，醒来后无轻松感。白天昏昏沉沉，上课听不进老师讲课的内容，感觉头紧绷，注意力差，记忆力差，易烦躁。

个人陈述：张某某从小在盲校读书。去年父亲去世后便产生以上症状。父亲生前曾两次考上大学本科却都因外部原因未能进大学。所以父亲想让女儿完成自己未完成的心愿：考上高中并上大学。但张某某又觉得上大学时间太长，大学毕业后再开店可能就有点晚，家里经济情况又不富裕，而且还有一个几岁的弟弟。所以目前张某某为考高中还是考中专而纠结。于是晚上睡不着，白天没精神。

诊断：神经衰弱

治疗目标：心情不烦躁，能集中注意力；能自然入睡，睡眠质量提高。

过程：

第一次：引导其澄清自己的人生是为自己而活而非为父亲而活。催眠后帮其放松，暗示其今后睡眠会变好。

效果：这次咨询后不再烦躁了，晚上11点前能入睡，有时睡前有同学吵也不烦躁了。

第二次：催眠后进行积极指导语的暗示：实现咨询目标后对自己、对他人带来的好处，自身存在实现目标的各种资源，憧憬实现咨询目标后的情境。

效果：这次咨询后睡眠问题已完全解决，晚上能很快入睡，且睡眠后身体感到轻松。

第三次：催眠后在她旁边陈述“森田疗法”的精髓：为所当为，顺其自然。尽力去做自己觉得应该做的事，对于结果顺其自然。

效果：来访者的神经衰弱经过三次咨询后完全治愈，能自然入睡且睡眠质量好，起床后身体轻松，注意力集中，听课效率和记忆力提高。

三、焦虑

1. 焦虑的概念

焦虑是人们对环境中一些即将来临的、可能会造成危险和灾祸的威胁或者要做出重大努力的情况进行适应时，主观上出现紧张和一种不愉快的期待，这种情感体验就是焦虑。也就是说，焦虑其实是一种内心的紧张，是预感到可能发生不幸时的一种心境。

2. 焦虑的危害

焦虑是一种很普遍的现象，几乎人人都有过焦虑的情感体验，但有的人体验浅，维持的时间短，有的人则体验深且维持时间长。焦虑使人不快，轻者让人避开引起焦虑的事物或事件，严重者会让人有自杀倾向。

3. 焦虑的症状

焦虑患者明显的性格特征有自卑、自信心不足、胆小怕事、谨小慎微、情绪低落、情绪性失眠、严重情绪障碍、恐惧、对轻微挫折或身体不适容易紧张或情绪波动等。

视障学生的焦虑大多是一般慢性焦虑和广泛性焦虑症。一般慢性焦虑的典型表现是心慌、疲惫、神经质、气急和胸痛，此外还有紧张、出冷汗、晕厥、嗳气、恶心、腹胀、便秘、阳痿、尿频尿急等。广泛性焦虑症是以经常或持续的无明确对象或固定内容的紧张不安，或对现实生活中某些问题过分担心或烦恼为特征，这种紧张不安、担心或烦恼与现实很不相称，常伴有自主神经功能亢进、运动性紧张和过分警惕。

4. 视障学生产生焦虑的原因分析

① 学习压力造成的心理紧张。由于视力障碍，视障学生的学习变得比明眼学生更加困难，有的甚至极为艰难。如果他们尽了自己最大的努力，但仍然一次次失败，就容易产生一定程度的焦虑。

② 升学的竞争。初三、高三毕业班的学生，因为有中考和高考的压力，一部分学生容易产生焦虑，尤其是有学习困难的学生，因可能无法升入自己满意的高中或大学而产生紧张、不安、多思多虑，甚至造成失眠。

③ 对未来的不确定性。理想与现实矛盾重重，如不想从事按摩，可是又没有其他可选择的职业，这是高年级学生容易产生焦虑的原因。

④ 对走向社会产生恐惧，也容易引发焦虑。离开熟悉的校园环境，进入情况不明的社会，对视障学生来说面临太多的困难和挑战，此时易引发焦虑情绪。

5. 焦虑的调适

① 学校要对不同学段学生中易发焦虑的情况了如指掌，及时地给予引导和心理辅导，如考前心理辅导、就业前市场调查等，让学生了解可能发生的事情，并引导学生寻求解决的办法，让学生放下心理包袱，轻松前进，走好每一步。

② 教师要关心学生的实际困难，在给予学生足够的情感支持的同时，帮

助学生解决学习困难，或引导学生自己找到解决问题的办法。

③ 学习，是调适学生焦虑问题的一个重要途径。在学习中，学生可以了解相关知识，借鉴别人的经验。

④ 实践，是调适学生焦虑问题的另一个重要途径。在实践中，学生亲身体验快乐、勇敢，增强自信，舒缓焦虑造成的紧张和压力，找到快乐生活的勇气，培养乐观向上的精神。

⑤ 运动，也是调适学生焦虑问题的重要途径。运动中，汗流浃背，全身肌肉进入松弛状态。身体舒畅，压力和紧张无形之中也会消失很多。运动，让学生身体健康的同时，也能够为学生不良情绪、压力、紧张找一个发泄出口；运动，还可让学生找回面对困难的勇气和自信。

⑥ 营造轻松、良好的校、班、舍集体氛围，铲除产生焦虑的土壤。

⑦ 打造融洽的人际关系，让学生将心里的焦虑说出来。有时，说出来的焦虑，就已不再是焦虑了。

⑧ 为学生减负。这是学校和老师共同的责任。如青岛盲校高三的任课教师应对学生的考试焦虑有如下的办法和措施：有的老师为担心考不上理想大学的学生减负，每次自测考题出得容易些，让学生找回自信；有的将学生可能会的问题抛给学生回答；有的老师牺牲休息时间进行个别辅导，帮助其解决学习中的困难。一旦学生出了问题，无论是什么问题，每一位老师都不会袖手旁观。此外，学校严禁给班级学生排名的教学管理和“不让一个学生掉队”“让每个学生天天向上，快乐成长”的教学理念给了学生一个宽松的学习环境。

⑨ 注意饮食。患焦虑症的学生，有消化道症状的，应该合理安排生活，防止暴饮暴食或进食无规律，以免增加胃肠道负担，加重症状。有心脏病症状的应远离有刺激性的浓茶、咖啡、辛辣食物等，因为它们能引起交感神经兴奋、心跳加速、心脏期前收缩等，使已有的症状更突出。建议以清淡、易消化的食物为主，进食后不要马上休息。对于腹胀，便秘者，也可以服用助消化和通便的药物。

当然，焦虑症状严重者，如出现了严重的心慌、气急和胸痛等生理疾病性症状，就要及时就医，切勿耽搁。否则，容易酿成不可预测的不良后果，危害学生自身的健康和生命安全。

【案例】

王某某，男，18 岁，低视力，高三学生。

自述：白天上课没精神，总想睡觉。自进入高三，知道面临即将来临的高考，更应该好好学习了，但就是一点也学不进去。不愿见老师，见了老师就拉下已经很低的帽檐，转身走开，不想跟老师打招呼，也不愿跟同学交流。来到心理咨询室找老师谈话时，拘谨、忐忑，问：“老师，我是不是心理有问题？”

案例分析：视障教育学校中的很多学生，尤其是高年级的学生，因为他们深深体会到父母在自己的成长中付出了很多，因此他们认为应该用最好的成绩回报父母，以致给了自己过大的压力。这个时候老师的关心和心理的疏导极为重要，否则弦绷得太紧会断的。为了避免过重的心理压力而导致的焦虑、紧张压垮学生的肩膀，老师要采取积极有效的办法。

视障教育学校的老师要做到真正爱学生，不仅要时刻关心学生的身体健康，帮助学生解决生活、学习中的困难，更重要的是要呵护学生的心理健康，真正做学生的良师、益友，要事事处处把视障学生健康成长的责任担在肩上，把学生的冷暖放在心上。

6. 焦虑的心理治疗方法

① 满灌疗法

满灌疗法一般采用想象或模拟的方式，也可以让病人直接进入令其最焦虑的现实场景，即直接与令其最焦虑的对象接触，并尽力设法使病人坚持。一般只要坚持，焦虑反应就会消退。

② 疏导疗法

通过倾听与视障学生产生共情，再用亲切的语言对其进行疏导，以减轻、缓解、消除其焦虑反应。

③ 精神分析法

运用精神分析的原理和方法：通过分析，了解内心冲突的真正原因，重塑精神防御机制，使引起焦虑的心理冲突得到转化，得到减轻。

④ 认知疗法

对焦虑的原因做出分析，分析其担心和害怕的错误认识，指出其中不合理的地方，加以理性的纠正。

⑤ 放松、催眠疗法

放松、催眠疗法是治疗焦虑障碍常用的一种方法。通过渐进式放松训练和催眠后的积极暗示，对减轻或消除焦虑障碍有较好的效果。

【案例】

用催眠疗法解决考前焦虑

学生，男，19岁，盲校中专二年级学生。

主诉：郁闷、心烦，担心按摩师资格考试考不好。

个人陈述：前两天专业老师说他手法差，还有10天就进行按摩师资格考试了，因此内心很焦虑，感觉这次考试通不过。

观察和他人反应：这个来访者是班主任介绍过来的，班主任也发现自从老师说他手法差后，他一直情绪很低落、紧张、焦虑，无法正常学习，因此老师推荐他来做辅导。

评估与诊断：考前焦虑。

咨询目标：缓解焦虑，轻松面对考试。

咨询方案：

咨询过程分三个阶段，第一阶段是心理评估和诊断阶段，建立咨询关系，收集资料，进行心理诊断，确定咨询目标；第二阶段是咨询阶段，首先了解导致考前焦虑的原因并针对原因解决问题；第三阶段是巩固与结束阶段，使求助者能轻松地面对考试。

咨询方法：催眠疗法。

双方各自的特定责任、权利和义务：

求助者的责任、权利和义务：	咨询师的责任、权利和义务：
责任 ① 向咨询师提供与心理问题有关的真实资料； ② 积极主动地与咨询师一起探索解决问题的方法； ③ 完成双方商定的作业。 权利 ① 有权利了解咨询师的受训背景和执业资格； ② 有权利了解咨询的具体方法、过程和原理； ③ 有权利选择或更换合适的咨询师； ④ 有权利提出转介或中止咨询； ⑤ 对咨询方案的内容有知情权、协商权和选择权。 义务 ① 遵守咨询机构的相关规定； ② 遵守和执行商定好的咨询方案； ③ 尊重咨询师，遵守预约时间，如有特殊情况不能来要提前告知咨询师。	责任 ① 遵守职业道德，遵守国家有关的法律法规； ② 帮助求助者解决心理问题； ③ 严格遵守保密原则，并说明保密例外。 权利 ① 有权利了解与求助者心理问题有关的个人资料； ② 有权利选择合适的求助者； ③ 本着对求助者负责的态度，有权利提出转介或中止咨询。 义务 ① 向求助者介绍自己的受训背景，出示营业执照和执业资格等相关证件； ② 遵守咨询机构的有关规定； ③ 遵守和执行商定好的咨询方案； ④ 尊重求助者，遵守预约时间，如有特殊情况不能来要提前告知求助者。

咨询时间：每周 1 次，每次 1 小时，共 3 次。

咨询过程：心理评估和诊断阶段。

第一次咨询：目的是收集资料，建立咨询关系，进行心理诊断，了解导致考前焦虑的原因，确定咨询目标和催眠暗示语并进行首次催眠。

方法：会谈法、催眠法。

过程：

建立良好的咨询关系。

通过会谈，了解导致考前焦虑的原因。

跟求助者一起商量确定咨询目标。

确定催眠暗示语：其他老师或其他哪些人曾说过你的手法好？

笛卡尔象限的提问。

① 做到后会有什么好处？

不做到会有哪些好处？

若不做会有哪些痛苦？

做到后有可能会造成哪些伤害？

综合做到后的好处和坏处，你现在还想完成这个目标吗？

② 基于感官的提问。

你怎么知道你完成了这个目标？身体会有哪些变化？

感觉：放松、肩膀、呼吸平缓、心跳。

听觉：做到后你会听到什么？这才是原来的你，这样更舒服，你是最棒的。

视觉：做到后你会看到什么？

催眠暗示：催眠导入与加深后，对其进行催眠暗示。

进入心灵后花园，补充能量，唤醒。

做完这次咨询，焦虑指数由开始的 9 分变成了 5 分。

第二次咨询：

目的：情绪处理。

方法：催眠法、抽离法。

过程：

咨询师导语：闭上眼睛，回到当时老师批评你手法不好时的那个场景，回到那个时候去感受整个细节，去看去听这个事件的整个经历。

当这个事件情绪最小时动动你左手小拇指，当情绪最大时睁开眼，给情绪定级：10 级，给这个情绪一个名字：绝望。

现深吸一口气，找到最舒适姿势坐下，放松。让无意识告诉你的身体从某个部位放松……（催眠导入与加深后）想象让你的无意识带领你的意识去一个曾去过的剧院或电影院门口。推开门进入，里面空无一人，你来到前排中间位置坐下，清晰地看到屏幕，从你身体里飘出另一个你坐到后边右排的位置。新飘出来的你可以看到前面的你和大屏幕，右后方的你身上又飘出一个你，坐在右后方的你的左后方的位置，同时看到前边和右边的你。屏幕开始放映你经历的事情，从头演到尾。

我说开始，就开始放映。

坐在后面的你可同时看到右边的你、前面的你和大屏幕。屏幕上开始放映老师批评你手法不好时的那个场景，从头放到尾。结束时动动左手小手指。

这时候屏幕呈现黑白色，从头开始放映，速度比发生时要快2倍。结束时动动左手小手指。

第三次，以4倍的速度来放电影。后面的你可看见前面的你和屏幕上放映的内容，以很快的速度放映。

这次从后面往前放映，水倒流，人倒着走。后面的你可以看见前面的你和右边的你以及屏幕上正放映着老师批评你手法不好的场景。

这次以更快的速度倒着放映。

现在给你时间不停地放映，从后往前迅速放映这个发生的事情。当你放映完一遍后可再放映几次。

当电影放映完后可让左手小手指抖动一下。

我们一会儿再从后往前倒映2遍。

这时你会想起曾经听过的或你经历过的最搞笑的音乐或搞笑的场景，让你能笑起来的声音或音乐，同时再快速倒着放映这个电影。

再快速放映一遍，同时伴着搞笑的音乐和声音。

1，2，3，醒过来。

现在再想刚才那件事，给自己的情绪一个等级。求助者对这件创伤性事件打分：1～2分。

第三次咨询：

目的：经历未来。

方法：催眠法。

过程：

催眠导入与加深后，想象自己考试的场景，思维敏捷，顺利答题，轻松应对考试的场景。

唤醒。

这次咨询结束后焦虑指数：1～2分。

咨询结束后三天，求助者参加按摩师资格考试并顺利通过。

四、自私心理

1. 自私的定义

自私是一种较为普遍的病态心理现象。指的是只顾自己的利益，不顾他人、集体、国家和社会的利益，自私自利、损人利己、损公肥私等。

自私的程度不同，表现也不同。轻一点的，计较个人得失，有私心杂念，不讲公德；重一点的，为达到个人目的不择手段，如侵吞公款、诬陷他人、杀人越货等。

2. 视障学生自私心理分析

客观上，无论在家庭中还是在社会上，视障学生获得的资源或者享受到的利益并不相同，享受得少的学生往往想获得更多。另外，视障学生因为看不到别人在做什么，家长和他人又往往对他们有求必应，即使很忙也先放下手里的事情，满足视障学生的要求，久而久之，视障学生往往会养成只关心自己的心理。不管他人在干什么，都要求别人先满足自己，一旦不能及时得到满足就埋怨他人对自己不关心。这种自私的心理在视障学生中比较普遍。

因视力障碍，导致视障学生活动受限，生活圈子过小，往往使其过度关心自己，较少关心他人。另外，中国人比较含蓄，甚至在口头上过度谦虚，说出来的话因客气而与内心有偏差，不仅与内心的真实想法不符，与真实情况也不符。而视障学生只靠听到的信息判断事实，这就更增加了认知的误差，甚至使他们往往看不到别人的付出，反而想象、扩大别人的所得，这都容易导致自私心理。

研究表明，个人的敏感性、价值取向与社会行为有着一定的内在联系。自我敏感性，是指一个人关心他自己的问题，感到需要别人的帮助，以及的确得到别人的帮助后的心理感受。视障学生由于视力障碍，导致活动受限，社会阅历浅，往往关心的东西比较少，兴趣爱好也不多，生活和学习上又需要别人的帮助，因此自我敏感度往往较高。这种自我敏感性，有的外化为对他人的敏感，形成“人人为我，我为人人”的思想，有的成为一种只顾自己的倾向，以自我为中心，对他人多索取，对社会和他人缺乏责任感。

3. 视障学生自私的表现

自我中心、感情自私、不顾他人感受、嫉妒等。

4. 视障学生自私心理调适

① 充分发挥个人的能动性，改变自私的心理

◆ 自我内省。即经常对自己的心态和行为进行反省，强化社会价值取向。

◆ 多做利他的事情。获得利他的快感、成就感和价值感。久而久之，养成习惯，净化心灵。

◆ 回避型训练。即自我意识到自私的念头或行为，就可用一种自我惩罚的方式让自己感到痛，使自己从痛中意识到自私是不好的，促使自己改正。

② 扩大视障学生的知识面，使其从只关心自己中走出来，关心世界，关心他人，积极主动地融入社会生活，增强社会责任感。

③ 组织志愿服务活动，让学生做力所能及的事情，体验奉献的快乐和幸福，强化其社会价值。

④ 尽可能让学生学会自理、自立，提高利他能力和服务社会的能力。

⑤ 鼓励学生之间互帮互助，如一帮一、大帮小、低视力学生帮助全盲学生、老学生帮助新学生等。

五、自我封闭心理

1. 自我封闭心理的定义

自我封闭，是指个人将自己与外界隔离开来，很少或者根本没有社交活动，除了必要的工作、学习、购物外，大部分时间将自己关在家里，不与他人来往。实质上，就是一种环境不适的心理现象。

2. 视障学生自我封闭的表现

孤独，没有朋友，也不愿交朋友，甚至害怕与他人交往。

【案例】

小倩，视障教育学校初中女生，全盲。上课能比较认真地听讲，但分组学习、课前提问，她从来不积极发言，跟班里和宿舍里的同学都没有深入交往。说起她来，大家都说不了解她。每个周六、周日，小倩除了必要的清洗衣物、洗澡外，都趴在床上睡觉或听小说。

原因分析：有相当一部分视障学生的父母、家人，往往从小就很少带他们外出走亲访友或参加活动，即使有朋友来访，也不让他们出来，害怕别人的议论或偏见，有时也怕视障孩子到了陌生环境里有危险或不便。久而久之，视障学生自己不敢外出或不愿外出，也不愿和别人交往，逐渐形成了自我封闭心理。

3. 视障学生自我封闭心理的调适

① 父母、亲友多带视障学生走出家门，让他们进行正常的社会交往。

② 打造健康、和谐的校园文化环境，让学生们从自我封闭中走出来，积极参加丰富多彩的校园活动，在校园里找到朋友，进行正常的人际交往。

③ 要尽可能创设让学生进行社会交往的情境，让学生多走出校园，与社会上的同龄人进行交流、沟通。

④ 鼓励视障学生积极参加社会实践活动，感受真实、火热的社会生活，

激发学生积极参与社会生活的热情与动力。

⑤充分发挥视障学生的主体作用，积极进行自我封闭心理的自我调适。

六、空虚心理

1. 概念

空虚心理指一个人的精神世界一切空白，没有信仰和寄托，百无聊赖，或沉溺于网络游戏，或酗酒吸毒，或卖淫偷盗，或花天酒地、醉生梦死，如同行尸走肉。

2. 视障学生产生空虚心理的原因分析

①社会角度

◆ 社会精神支柱缺失

精神支柱是一种信仰，是大众在社会生活中所公认的价值体系和人生榜样。精神支柱是一种积极的心理暗示，能激发人不断进取。但是，社会常常并不按照人们心目中想象的轨迹发展，理想的社会模式常常为一些捉摸不定的、难以适应的形态所取代，会使人产生一种无所适从的茫然感。视障学生生活在社会这个大家庭中，或多或少会受到社会不良风气和现象的影响，会产生信仰危机，进而产生空虚心理。

◆ 个人价值抹杀

没有个人的自尊、自爱、自信，就不会有社会责任感和对社会做贡献的能力。如果社会不考虑个人价值的存在，或者过多地抹杀个人存在的价值，人就会觉得活着没什么意思。视障学生若受到过于严厉的管教，或家长事事包办，抹杀了其尝试和体验成功的机会，都会导致空虚心理的产生。

◆ 社会交往受限，长期闭锁

在现实生活中，人们需要交流沟通与友谊，但交往有平等的原则，地位相等、志趣相同者才会有真正的友谊。在视障教育学校里，出于安全和管理等方面的考虑，视障学生较少外出，即使外出，与明眼人的交往、交流也不多或不深，这样长期闭锁，也会导致学生产生空虚心理。

②个人角度

◆ 缺乏自信

因为视力障碍，视障学生往往有低人一等的感觉。有些同学从小被父母事事包办，缺乏成功的体验；有些学生幼年生活不幸，父母早逝或生活在离异家庭，从小得不到温暖与关怀，犹如“瓦上霜，路边草”，自觉低贱，自暴自弃，看不到前途和光明，从而迷茫空虚。

◆ 没有人生目标

有些学生从小过着父母操办一切的生活，自己不会做决定也不会规划自己的人生；有些学生试着规划自己的人生，但由于视觉障碍，他们没有更多的专业选择，只能从事自己不喜欢的按摩专业，所以也会陷入迷茫、无望和空虚状态。

3. 视障学生空虚心理的具体表现

◆ 动力缺乏

处于空虚状态的学生，往往表现出其生活无动力的状态，缺乏做出决定或根据决定去行动的能力。主要表现为懒惰、拖延。有些学生上课懒得听讲，下课懒得写作业，生活中懒得洗衣服、洗澡，甚至连饭也懒得去吃。

◆ 否定一切

这在视障学生中较为常见，尤其是处于青春期的学生。心理学家汤姆利尔茨认为，儿童向青年期转化，便带来了青年人对过去、对外界关心的逐渐减弱，而将注意力逐渐转向自己的内部世界。这种向内部世界的转移是由青年内在的性本能萌动所致，青年在这个时期一下子落入了暴力性的不安之中，因而有所谓青年的反抗、蛮横、怠慢、见异思迁、冷淡等心理表现，他们不但否定了外在世界，也否定了自己。汤姆利尔茨将青春期称为“否定期”。这一时期的青年人，怀疑一切，否定一切，被称为“孤独的、骚动的青春一族”，行为上自然是“虚无主义”。

◆ 混日子

这是一种很常见的病态行为，所谓“混”就是随大流，得过且过，做一天和尚撞一天钟。没有人生目标，漫无目的地混日子，心里自然也是空虚的。

4. 空虚心理的自我调适方法

根据空虚心理产生的原因，只要学生个人主观努力，努力进行积极的自我心理调适，精神空虚是可以克服的。

① 对社会存在抱有一种较为现实的认识

社会既有积极的方面，也有消极的方面。学生绝不能以偏概全，只看到社会的消极面，从而不求上进、萎靡不振，而应通过学习，提高思想觉悟，接受现实，正视现实，改造现实。

② 自我意志训练，提高对挫折的耐受力

学生要有意识地训练自己“不以物喜，不以己悲”，正确对待失误与挫折，在逆境中锻炼成长，提高自己对挫折的耐受力。学生要严格要求自己做到：做事要有恒心，做人要有理想与抱负，正确对待失误与挫折，在逆境中锻炼成长。顺境中的学生也要要求自己有更高的人生追求，学会把握自己的命运。

③ 多读名人传记，从名人的奋斗史中汲取力量

学生以名人的奋斗史作为自己人生的楷模，正确认识自我，不时反思自我，感悟人生，从名人的奋斗史中汲取力量，树立自己的人生目标，不断奋斗，实现自己的人生价值。

④ 多参加课余兴趣活动，培养特长

学生要多参加兴趣活动，积累积极的情感体验，并培养特长来强化个人价值，满足个人的自尊、自爱、自信的需要。同时，要让学生有成就动机与自我实现的高层次需求，从而为个体行为不断增添新的动力。

⑤ 运用音乐来调节个体的情绪和行为

节奏鲜明的音乐能振奋人的情绪。军乐曲、进行曲能使人斗志昂扬、情绪高涨。旋律悠扬的乐曲能使人情绪轻松而愉快。轻音乐能使人增加生活的乐趣和了解生活的意义，从而增进人对生活的能动性和自信心。

⑥ 正确认识自我

学生要深入认识自己，挖掘出自己的优势和特长，发现自己的爱好、兴趣和目标，在各方面去丰富自己的内心世界，摆脱空虚心理。

⑦ 设立适合自己的人生目标

学生根据自己的兴趣、爱好、特长、能力及视力状况，设立适合自己的人生目标，并制定中期目标和短期目标。

⑧ 较严重的精神空虚者，要积极采用音乐式的自我心理疗法或找心理教师帮忙解决。

【案例】

王某某，男，18 岁。原来他是明眼学生，在跟同学玩耍的时候被同学一不小心打坏了眼睛。在家休学两年后来到视障教育学校。刚开始他上课整天趴着，说话都是很消极的论调。在班主任及心理老师的帮助下，他慢慢调整了心态，并设立了自己的人生目标。在高中的几年时间里，为了做好知识和经验的积累，他利用课余时间读了大量的电子书籍，包括心理学、法律、政治、经济等方面，还成立了学生社团，组织形式多样的活动。不仅自身能力得到提高，还带动了全校视障学生读课外书的热潮。

第三节　特殊境况下视障学生的心理护理与调适

一、后天失明学生的心理护理与调适

李季平编著的《视障学生心理健康与辅导》一书中提到，学生后天失明后，其心理适应过程的模式同一个人在生活中遭受重大挫折或创伤后的适应过程基本上是相同的。一般说来，学生后天失明后心理上要经过以下几个阶段：

1. 迷茫呆滞期

由于疾病、车祸、击伤等原因突然失明后，学生会处在迷惘、呆滞当中，感觉迟钝。此时需要的是关心与陪伴，防止危机再度发生。

这个阶段学生要承受两个方面的创伤：从生理方面看，是视力的丧失；从

社会方面看，是由于视觉缺失而受到的社会歧视。对先天性视障学生来讲，他的创伤期开始于他对自己失明的意识，意识到自己与其他人不同；对后天失明的学生来讲，他的创伤期开始于受到意外事故或疾病引起的失明。创伤期的表现就是心理开始失去平衡与和谐，有一种受到伤害的感觉，往往造成学生严重焦虑或沮丧。

2. 否认与幻想期

这个阶段，视障学生往往有不切实际的幻想，不相信失明的现实，相信视力会突然变好。

3. 四处求医期

在这个阶段，视障学生往往在家长的带领下开始四处求医，家长会倾尽所有带其跑遍全国各大医院求治。有些学生手术后视力得到一些恢复，有些学生视力并没有变好或变差，有些学生因手术失败视力变得更差，甚至完全丧失了视力。于是，有些家长甚至学生本人在尽自己所能求治无果后，便开始烧香拜佛，祈求奇迹的出现。

4. 自我封闭期

尝试了各种方法，视力仍无好转的时候，有的视障学生开始灰心失望，整天悲观自怜，通常还伴随着退缩和孤立。陷入自怜的人倾向于拒绝所有人的帮助，敌意及愤怒开始出现，而且这种敌意和愤怒是针对任何想帮助他的人，由此而陷入沉重的心理苦恼中而不能自拔。他们除了自怜还会变得退缩、孤立和封闭，大部分后天失明的学生会在家封闭一到三年，这段时间他们往往不外出，也不见人。在自我封闭期间，他们会不断沉思，也开始对自己的能力产生怀疑，由于对能力的消极性理解，他们产生了很严重的悲观，缺乏面对生活的勇气，在心理上会有沉重的压抑感。

5. 重新开始期

在家思考了一段时间之后，视障学生开始重新认识、评估自己生活的意义、生命的价值及生活的目标，寻求个人的肯定及生命的意义，这标志着心理康复的开始。通过一系列的评估，视障学生逐渐意识到自己生理上的缺陷而造成的障碍可以通过其他渠道得以克服，或部分得到补偿，如他们会感到自己的嗅觉、听觉和触觉等在视力缺失后，变得越来越敏感，甚至可以部分代替视觉功能。这些变化也让视障学生感到欣喜，看到了希望。这时的他们会通过各种渠道了解有关视障教育机构的信息，并尝试开始新的学习生活。

6．心理适应期

进入学校后，有些学生能很快适应新的环境，并在同学中崭露头角，成为视障学生中的佼佼者，成为老师、同学关注的中心，这类学生很快就在新的环境中找回自信；有些学生感觉自己失明后给父母带来很大的经济负担和心理负担，因此有种内疚感；还有一些学生不能适应新的环境，整天沉浸在哀叹命运、怨天尤人的情绪中消极度日。

7. 自我接纳和自尊期

心理调节过程的第七个阶段是自我接纳和自尊期。这个阶段并不是每个视障学生都能够达到的，有许多视障学生由于长期的心理折磨只能停留在第六个阶段。一般来说，随着自信心和能力的恢复，视障学生会重新获得做人的尊严，不再把自己看做是一个有别于他人的人，而把自己看作是一个与明眼学生同样具有自己特点和才能的人，所不同的只是视觉缺失，而在其他方面并没有什么差异。所以，在这个阶段，视障学生开始接受自己的视觉缺失以及由此而产生的障碍。这种自我接纳可以使视障学生更开放地接纳别人，同时，也容许自己为别人所接纳。由此，视障学生已开始具备良好的社会适应能力。

【案例】

学生后天失明的心理调适

小华，男，22岁，中专一年级学生。

一、一般情况

以前视力正常，而且结交了女朋友。女方家境很好，因为小华父母均为农民，因此女方父母不同意他俩交往。可就在两年前，女方父母提出，要想结婚，女方父母出钱买房子，但小华必须买车。可是小华家境并不富裕，根本拿不出钱来买车。为了早日赚到买车的钱，他提前开始了自己的创业计划，开了一家汽车美容店。但因为创业的各项准备还不成熟，所以他的创业让他很辛苦。可能因为劳累过度，一年前，他出现视神经萎缩，视力下降到0.01，并且和女朋友分手。其后的一段时间他情绪一直低落，自我调整了一年后，有所好转。后来，到视障教育学校中专部学习按摩。刚开学时状态还行，但国庆节放假回家看到以前的伙伴，触景生情，情绪又开始低落。

心理测试情况：抑郁自评量表（Self-rating depression scale，SDS）：65分（标准分）

二、求助者自述

主诉：学习不专心，学不进去。心情郁闷、浮躁，无法平静下来，伴有睡眠障碍已持续两个多月。

个人陈述：刚开学时状态还挺好的，但国庆节放假回家看到以前的伙伴，想到昔日在一起玩耍而现在自己却出现了视力障碍，于是情绪开始低落，回到学校后学习一直不能集中注意力，听课走神，对盲文不感兴趣，也不愿意跟其他同学玩。晚上睡眠不好，睡不沉，睡着了也容易做梦，到现在已经持续了两个月，因此过来寻求帮助。

三、咨询师了解、观察到的情况

小华是戴着一副墨镜来心理咨询室的，而且他平时生活、学习中也一直戴着墨镜。小华身体和智力均发育正常，讲话声音清晰，情绪低落，意识清楚，言语流利，无幻觉、妄想，无智能障碍，自知力完整，有明确的求助要求。从进入咨询室到叙述完毕，都表现得比较自如但情绪明显低落。

小华的班主任反映，他对学校组织的活动不感兴趣，也不愿意跟其他同学玩。

四、评估与诊断

1. 评估

综合小华的相关资料，其家庭成员中无精神病史，本人无重大疾病史，本人对症状自知，有求医行为，根据精神活动正常与异常的三原则判断，排除小华有重性精神病。小华目前心理与行为问题是由视力出现障碍这件事情引起的，并且看到昔日的伙伴联想到自己的视力障碍而出现情绪低落、注意力不集中、睡眠障碍等问题，其冲突具有现实意义，持续时间为2个多月，小华的症状影响了其社会功能，有泛化、回避出现，符合严重心理问题的诊断标准。

主要表现为：情绪低落，注意力不集中，睡眠障碍。

2. 鉴别诊断

① 与精神病相鉴别：根据病与非病的三原则，求助者的知、情、意是统一的，对自己的心理问题有自知力，有主动求医的行为，无逻辑思维的混乱，无感知觉异常，无幻觉、妄想等精神病的症状，因此可以排除精神病性障碍。

② 与抑郁症相鉴别：小华虽有情绪低落，但不是主要症状，也没有兴趣缺乏、自罪自责、自杀意念等症，因此可排除抑郁症。

五、咨询目标

根据以上的评估与诊断，同小华协商，确定如下咨询目标：

① 具体目标与近期目标：疏导情绪，改善小华的情绪状态，运用放松技术改善小华的睡眠。

② 最终目标与长期目标：深入了解自己并重塑自信；接受视力出现障碍的现状并重新为自己设定新的人生目标；不断完善人格，提高心理健康水平。

六、咨询方案

咨询过程分三个阶段，第一阶段是心理评估和诊断阶段，建立咨询关系，收集资料，进行心理诊断，确定咨询目标；第二阶段是咨询阶段，首先帮助求助者疏导情绪，使其深入了解自己并重塑自信，接受视力出现障碍的现实并重新设定新的人生目标；第三阶段是巩固与结束阶段，使求助者把在咨询中学到的东西运用于今后的生活中，不断完善人格，提高心理健康水平。

1. 咨询方法

放松训练与自由联想、心理暗示等。

2. 双方明确各自的特定责任、权利、义务。（略）

七、咨询过程

1. 心理评估和诊断阶段

第一、二次咨询

目的：收集资料，建立咨询关系，进行心理诊断，确定咨询目标。

方法：会谈法。

过程：在咨询开始时，充分尊重求助者，用开放性问题收集其详细资料。

通过倾听、共情、无条件地积极关注，让求助者尽情倾诉，与其建立良好的咨询关系。

跟求助者一起商量确定咨询目标。

2. 咨询阶段

第三、四次咨询

目的：加深咨询关系，帮助求助者宣泄不良情绪，学习放松技术。

方法：会谈法，放松训练。

过程：

首先咨询师引导小华宣泄出他的不良情绪，说出他内心的痛苦，咨询师对此尽量表现出同感与理解。具体地说，咨询师一再承认小华当前面临的挫折和困难是他人生中前所未有的，所以他现在的情绪反应也是自然的。

“小华，我知道你现在很痛苦，我非常理解你此刻的苦闷心情，我想如果我面临你现在的处境，我也会感觉很不好受的。”咨询师如是说。

同时，咨询师还肯定了小华来寻求心理咨询帮助的举动，“当一个人面临如此巨大的精神压力时，他也需要得到专业人员的帮忙，以更快、更有效地摆脱精神压力，重振起来……”

其次，咨询师教给小华放松技术，可以在每天睡觉前进行自我放松训练，以改善睡眠。

作业：每天睡觉前进行自我放松训练。

第五、六次咨询

目的：通过心理暗示，让来访者接受和面对现实。

方法：会谈法，放松训练和自由联想，心理暗示。

过程：

小华从开学到现在一直戴着一副墨镜，且不敢正视别人的眼睛，这表示他还一直不能接受和面对视力下降的现实。他静不下心来学习、浮躁、不想学盲文等也反映出他还不能接受和面对现实。小华也承认他一直幻想着有一天视力会突然好起来，所以他看到盲文就心烦，一直没安下心来学习盲文，也没有重新规划自己的人生。

咨询师通过心理暗示，让他接受和面对视力障碍的现实。

咨询师播放舒缓音乐，对他进行全身放松。然后让他根据指导语去想象：想象自己还处在以前视力正常的时候，慢慢地，视力逐渐下降，现在视力已经很弱了，我现在就是一个盲人了，是一个视力障碍者，我是一个盲生……我接受这个现实，我不再幻想以后眼睛能恢复得多好，我即使是一个盲生，也一样要生活，我仍然可以有自己的事业，我要振作起来！我感觉浑身很有力量，我有信心，我很有信心！

小华说他每天睡觉前坚持做放松训练和自我暗示，效果明显，能够敢于面对自己的视力障碍，敢和同学一起谈论自己的眼睛，也能精力比较集中地学习，但还不能跟正常人谈论自己的眼睛，而且他的墨镜也没有摘下来，说明他还没有完全接受现实。小华已经取得了很大的进步，但还需要继续努力。

作业：每天进行自我暗示，接受现实。

第七次咨询

目的：激发小华对盲文的兴趣，解决学习问题。

方法：会谈法，放松训练和浅度催眠。

过程：

在咨询中，小华说自己对盲文还是不感兴趣，于是咨询师用催眠，激发他对盲文的兴趣。

咨询师让小华躺在放松椅上，全身放松，想象：自己的面前有一个湖，湖水荡漾，从湖中可以看见各种画面。你看见一位同学正在很专注地读一本书，他读得很流利，完全陶醉在书中的故事情节当中。这时，你发现那位同学越来越模糊，再后来你看见他长得很像你，越看越像你，越看越像你，再仔细一看，发现那就是你自己。是你自己在专注地读一本盲文书，你读得很流利，一行一行摸着往下读，完全陶醉在其中。你的盲文是那么的流利，你是那么的喜欢读盲文，你完全沉浸在盲文的世界里，陶醉在其中，享受读盲文带来的乐趣……

唤醒后他说自己完全沉浸在其中，似睡非睡，大脑很放松，很空白，完全照着咨询师的指导语做，他享受着阅读盲文带来的乐趣，沉浸在盲文的世界里。看来他已经进入浅催眠状态了。随后几次的咨询中咨询师发现他确实对盲文产生了兴趣，其盲文也大有进步。

第八次咨询

目的：找到小华当前的心理冲突。

方法：分析梦。

过程：

小华来咨询的时候，已经摘下了墨镜，这是一种巨大的进步。

期中考试刚结束，他说本来调整得不错的心情又有些波动，而且很烦躁，每晚做梦，休息不好。

咨询师对他的梦非常感兴趣，因为咨询师将其看做是进入无意识的愿望、恐惧、冲突、需要、渴望与冲动的一条丰富的途径。一开始小华不愿说出他的梦，说梦做过之后“忘记”了。后来才报告说记住了一个梦，咨询师的任务就是和他一起通过研究梦的象征来揭示其暗示的意义。在适当的时候，咨询师通过解释梦的意义试着教他了解自己当前的冲突。下面的一个片段是咨询过程的一个代表。

小华报告说：“我梦见自己居高临下地看着一些三国时候的人物在按照我的思维做事情，我想让他们做什么他们就做什么，自己也真的能够心想事就成。梦中感觉自己有一种成就感和快感，醒来后却很郁闷。”

咨询师帮他分析梦所代表的含义可能是他想控制自己和别人的命运，但醒来后，面对自己视力障碍的问题，很多想做的事情做不了，不能实现原先的人生目标，不能掌控自己的命运，只能徒增惆怅，所以心情郁闷。他承认自己感觉很茫然，感觉不能像以前那样主宰自己的命运。咨询师鼓励他和老师一起努力，重新确定适合现实的新的人生目标，让他重新能够自己主宰命运。

作业：全面梳理自身的特点，如兴趣爱好、特长等。

第九、十次咨询

目的：全面分析自己以重塑自信并建立人生目标。

方法：会谈法。

过程：

咨询师帮小华分析他的优势、特长、兴趣、爱好等。他想事情周到，人缘很好，喜欢竞争，对于感兴趣的事情学得很快，比别人有更多的社会经历，尤其是创业的经历。有韧劲，有毅力。领导能力强，喜欢自己组织小圈子，喜欢和擅长支配、领导别人。今后的职业是想自己组织一个小团队，领导他们共同创业，再结合自己的实际情况，想到自己可以开一个按摩店。但他心里又很矛盾，有点想做又有点不敢做，怕干不好。

作业：回想自己成功的人生经历。

第十一次咨询

目的：让小华产生实现新人生目标的动力。

方法：自由联想和心理暗示。

过程：

通过分析小华的优点、特长、兴趣、能力以及视力状况，小华发现以后自己很适合开一个按摩店。咨询师让他躺在放松椅上，想象自己以后开店的情景，引导他更明确自己的人生目标并强化这个目标带给他的动力。

他想象自己开店的情景：

店的大门很宽，大型落地玻璃窗，有六张按摩床，门口能停放四辆车，两个办公室，在大门两边，整个场地有七间房大小，大厅挤满了来做按摩的人。雇了三个按摩师，还有三个学徒工，看到他们都在那忙碌，感觉那里挺有序的，但是我好像找不到自己的位置。

小华对这个店的情景想象得如此详细周到，反映了他有能力开好这么一个店，也反映了他内心很想开这个店，但他为什么在这个店里找不到自己的位置呢？可能是他以前开的那家汽车美容店让他遭遇了太多艰辛，带给他太多的伤害，以至于劳累过度，视力都出现障碍。这已经对他的心灵造成了很大的创伤，所以现在他对于创业开店是既爱又怕，以致在他想象的店里找不到自己的位置。

同时在想象到这里的时候，小华的身上出了一身汗，看来面对曾经带给他创伤的创业问题上，他确实很紧张。咨询师给他做了放松训练，但是每次放松到头部的时候就放松不了。做了多次放松之后，咨询师引导小华走进想象的这个店里，每当他又紧张的时候，会再给他做放松训练，慢慢地，他不再像先前那么恐惧了，他想象自己走进办公室，拿起笔来想制定一些规章制度，但是他拿着笔怎么也写不动。

小华的联想再一次受到阻断。这个阻断反映了他目前的困扰：盲文没学会，汉文又看不太清楚。其实这个困扰随着他学习盲文的不断进步，慢慢就会解决。所以没必要现在解决他的这个困扰，暂时先绕过去。咨询师引导他不用写了，只是坐着想一下有哪些规章制度。

于是，小华又进入联想状态：每个员工每周两天假期，每天上午八点上班，下午五点下班，每月出满勤有全勤奖。他想象着自己从办公室里走出来，看着按摩师们在给顾客做按摩，心里很高兴，能看到自己脸上带着笑，很放松。

（做完这次咨询之后就放寒假了，于是咨询暂时中断。但小华在联想到自己开了一家豪华的按摩店时出的那身冷汗却给咨询师带来了很大的疑问。）

开学后，小华告诉咨询师，毕业后他想回老家开一家按摩店。这让咨询师突然间明白了小华在联想到自己开了一家豪华的按摩店时出了一身冷汗的原因，原来那个富丽堂皇的店就像以前他开的那家汽车美容店一样，太豪华，是他能力所不能及的，所以当联想到那里的时候，他会紧张地出汗，放松训练对他也收效甚微，因为之前的汽车美容店带给他太大的创伤。在寒假里，他找到了自己的位置。回老家去开一间按摩店，房租便宜，成本很低。看来小华已经开始主动思索自己的人生目标了，说明他已经走出了心里的阴霾，正踏步走进自己的新生活。

第十二次咨询

目的：付诸行动。

方法：会谈法。

过程：

在小华重新建立了自己的人生目标后，咨询师和他一起为这个新的人生目标制定了一个个阶段性目标。

巩固与结束阶段。

第十三次咨询

目的：评估咨询效果。

方法：会谈法、心理测验。

过程：抑郁自评量表测试（Self-rating depression scale，SDS），并与咨询前对照。对前面的咨询过程进行总结，请小华谈自己的体会和感受，并总结整个咨询过程中小华的成长。

作业：坚持放松练习和积极的心理暗示。

八、咨询效果评估

1. 具体目标与近期目标

① 小华症状的改善：情绪好转，睡眠正常，学习注意力比较集中，而且有了新的人生目标。

② 班主任的评价：上课态度认真，能主动思考回答问题；能主动与同学交往；能积极参加班级的活动。

③ 咨询后心理测验的结果：（Self-rating depression scale，SDS）：50分（标准分），较咨询前抑郁程度明显降低，咨询有效。

④ 咨询师的评估与回访跟踪：通过对小华的观察，发现他的墨镜已经摘下来了，表明他已经能够接受现实。他跟同学相处融洽，对未来充满憧憬。他的学习进步很快，基本掌握了盲文，每天生活得很充实，为了实现自己的人生大目标而努力学习，快乐生活。

结束咨询半年后，小华来到心理咨询室，看到咨询室新添置的心理沙盘，他很感兴趣，于是就摆了起来。在沙盘的中间他摆了一个房子，房子的左、右、后方都各摆了一排树，把房子围得很严实。门口停着一辆轿车。通过对他沙盘的分析，咨询师认为小华的心理状态良好，因为他在自己的房子前方留了一个出口，而且也摆了象征生命力的树。但他的房子三周都用树围起来说明他还是缺乏安全感，围起来后会让他感觉更踏实，虽然他的自我保护和自我防御心理还是较强，但好在房子的前方还留有出口，说明如果他想跟外界交流的时候他还是会走出去。门口停了一辆轿车，说明车在他心中的阴影还没有完全消除，这也在所难免，毕竟他经历了那么大的一个创伤，抚平伤口需要时间，而且他目前的心态已经调整得很不错了。衷心地希望小华能够走得更好！

九、总结

在本案例中，小华因为应激事件而出现情绪低落、睡眠障碍、注意力不集中等问题。通过将近四个月的咨询，小华的情绪状态已经明显得到了改善。睡眠正常，而且与老师、同学的交往变得融洽；积极参加班级的各项活动，有了新的人生目标并为之努力学习。

二、青春期视障学生的心理护理与调适

进入青春期，男女学生的身体发生明显的变化，生殖器官发育、第二性征凸显，甚至会出现性冲动、性欲求、性意识等。由于视力障碍，视障学生特别是视力很弱或全盲的学生对同龄人的身体变化没有足够的视觉感受，又因为长期住校得到家长的关注很少，面对青春期生理的变化，可能会产生更多的恐惧感和神秘感，甚至可能因为好奇而产生探索的行为。

【案例】

小彭，男，17 岁，是视障教育学校九年级的学生。3 岁起因外伤导致双目完全失明。七年级下半学期他开始长胡须，并开始变声。九年级上半学期的某一天，生活老师在宿管站的监控室发现他在女生宿舍楼梯口徘徊了两三趟，最

终来到女生宿舍晾衣服的窗台前，摸了一件女生内衣，匆匆离开了。后来班主任、心理老师分别与之谈话，才了解到，小彭自己身体发育后，朦朦胧胧地感觉到女生也应该有一些变化，但他是全盲，对女孩没有直观地感觉，只凭空有一些想象、幻想，并逐渐产生窥探的欲望。于是他从八年级下半学期开始，就在有冲动的时候，瞅机会去拿女生的内衣，借此想象。经过将近1年的行动，他有一种罪恶感，但欲罢不能。

视障学生的青春期心理护理

1. 教授生理发育方面的知识，消除青春期神秘感

通过青春期教育课程，让学生认识两性的第二性征、两性生殖器官的解剖结构等，了解遗精、月经等现象。这方面的课程应在四年级至七年级设置，因为这个时期正是学生身体快速发育的时期。有些比明眼学生晚上学一至两年的视障学生，教师应视他们的具体情况，及时地对其进行青春期生理发育方面的知识教育。

2. 引导男女学生正常、友好地交往

视障学生由于视力障碍，他们的交往除了语言就是手与手的接触，互相有好感的视障男女同学较之明眼人往往更早更快地进入身体接触阶段，以表达彼此的爱慕。这对处于青春期且自制力比较薄弱的视障学生来说比较危险，所以引导视障学生通过恰当方式表达对异性的好感，就显得非常重要。

3. 进行正确的性道德观念教育

引导学生增强性道德观念和意志力，珍惜童贞，爱护名誉。

4. 学校设置丰富的社团活动、选修课活动课，把学生多余的精力吸引到发展个人的兴趣爱好上来，帮他们顺利健康地度过青春躁动期。

三、家庭离异的视障学生的心理护理与调适

随着离婚率的上升，盲校来自离异家庭的视障学生越来越多。在视力障碍之外，家庭的破裂又给他们的心灵蒙上一层厚厚的阴影。

1. 家庭离异视障学生的心理变化和行为特征

① 产生自责、自卑、怨恨等消极情感

有的视障学生中，把父母的离异原因归咎于自己的视力障碍，从而产生自责感；有的因为父母离异感到羞耻，觉得低人一等，产生自卑感；有的学生认为自己失明已经很不幸了，父母又不给他完整的家庭，而对父母产生怨恨感，对父母怀有敌意和爱恨交织的矛盾心理。

【案例】

小玲，女，7岁，小学一年级学生。课间时小朋友一起玩耍，老师走来，大家一齐向老师问好，并争先恐后的与老师说话。有的说自己喜欢画画，将来想当画家；有的说起爸爸妈妈；有的说学习中有趣的事。只有小玲只是悄悄地靠近老师，并趁别的同学不说话的时候才怯生生地问："老师，为什么我妈妈说我是个可怜的孩子？"经了解才知道，她爸爸妈妈离婚了，她与妈妈一起生活，妈妈带着她生活很辛苦。这个学生穿着很漂亮，可看出她妈妈很爱她，可爸爸妈妈离婚的事情以及妈妈的消极情绪已经严重影响到她，甚至使她产生了自卑感。

② 产生不同程度的行为问题

父母离异后，有的视障学生对学习和生活失去了信心和兴趣，对任何事物都抱着无所谓的态度，行为上出现比较多的逆反现象；有的视障学生因为缺乏家庭的温暖，在学校里盲目寻找感情的慰藉，与异性同学交往过于频繁与亲密。

【案例】

小金是盲校高二的学生，其父母离异后又各自重组家庭，并分别又生育一子。小金比较聪明，但做任何事都提不起兴趣来，总是摆出一副吊儿郎当的样子，学习成绩在班里是最后几名。他的口头禅是：“反正也没人在乎我”。放寒暑假的时候，小金回奶奶家居住，他父母会分别塞给他很多钱，让他随便花。上学期间，小金父母又会分别往他的银行卡里汇钱，让他平时别委屈了自己。小金花钱大手大脚，经常请同学吃喝，并跟同学说：“花点钱算什么，他们给我钱是因为他们欠我的。”

2. 家庭离异视障学生的心理护理措施

① 争取离异父母的教育参与。要通过家长学校的宣讲、与家长的电话约谈等，使父母不仅要满足孩子的生活需要，更要关注孩子的心理需求，多给学生关心与爱护，努力营造和睦的家庭气氛。父母双方要将离婚对孩子的不良影响降到最低。

② 帮学生从自责感、怨恨感、自卑感等消极情感中解脱出来，让他们知道父母离异是父母对自己生活的选择，与他们是否残疾没有直接关系。父母虽然不在一起生活，但是仍与他骨肉相连，是他最亲近的亲人，老师和同学不会以是否拥有一个完整的家庭来衡量一个学生是否优秀，而是要看他个人的努力。

③ 班主任和任课教师要加大对家庭离异学生的关注和关心，在生活、学习和心理等各个方面给予关心和帮助。

④ 帮助学生培养兴趣、爱好，使其找到精神上的寄托和对生活、学习的热情与信心。

四、早恋的视障学生的心理护理与调适

进入青春期后，学生的身体逐渐发育，性意识产生并成熟，对异性产生强烈的好奇心，希望与同龄异性交往。视障教育学校都是寄宿制学校，学生得到家庭的关爱较少，他们生活在一个相对封闭的环境里，希望从朝夕相处的异性同学那里寻求关爱和安慰。这些因素使得不少视障学生有早恋行为。信息无障碍技术发展起来以后，学生通过网络下载收听言情小说、流行情歌、

青春剧等涉及青春期情感的资料，对学生的早恋更是起到了推波助澜的作用。

【案例】

小娟，视障教育学校高一学生。因视神经萎缩逐渐失明，初三时从明眼学校转入视障教育学校就读。在视障教育学校，她因为视觉障碍在普通学校产生的自卑感消失了，取而代之的是因成绩比较好、尚有残余视力而产生的优越感。她的个性也因此得到了释放，变得活跃起来。同学们都很喜欢她，不少男同学向小娟表达爱慕之情，最后她接受了一名比较优秀的男生追求开始了早恋。自此，她的学习的成绩开始逐渐下滑，与同学间的关系也逐渐疏远。

从生理和心理的角度来说，早恋是青少年身体生长发育、性意识发展的必然产物。但是，青少年时期正是长身体、长知识的重要时期，早恋容易分散学生的精力，耽误身心成长的大好时光。而且，视障学生多在学校寄宿，同学间接触的时间长、机会多，再加上青少年的自制力较差，早恋很容易草率行事，造成终身遗憾。作为特殊教育工作者，要特别注意保护学生的身心健康成长，并做好相关的心理护理和疏导。

1. 引导学生正确认识早恋的危害以及可能产生的负面影响，学会用理智战胜情感，建立正常的异性同学友谊，避免过早涉及异性同学间的情感漩涡。

2. 加强学生的理想信念教育，使学生为了实现自己的理想将主要精力转移到学习上，转移到特长、兴趣的培养上，不断提升其综合素质，尤其是提高其自我控制能力和自我管理能力。

3. 教师发现学生处于早恋状态中时，要选择适当的方法淡化男女生双方的感情，避免感情过热。须注意的是，教师一旦发现学生早恋，不能简单地制止，要讲究方法，否则容易引起逆反，反而给双方的感情升温。可以从要求其多与同班、同宿舍的同学相处，避免双方单独相处开始。

4. 多设计、开展有意义、有趣味的课外活动，如社团活动、兴趣小组等，帮学生培养一两种兴趣爱好，把学生旺盛的精力转移到他们感兴趣的活动上，以冲淡早恋对他们的吸引力和影响。

五、适应障碍的视障学生的心理护理与调适

适应障碍是因长期存在应激源或困难处境加上个体人格缺陷产生的烦恼、抑郁等情感障碍以及适应不良行为和生理功能障碍，并使其社会功能受损的一种慢性心因性障碍。适应障碍的发生是心理社会应激因素与个体素质共同作用的结果。

这里所说的适应障碍，主要是指视障学生升入高一年级学习或到一个新环境学习所遇到的适应障碍问题，即学校环境适应障碍。

人的环境适应能力是指个体在与周围环境相互作用，与周围人的相互交往的过程中，获得的一种积极协调的平衡心理能力。环境适应能力差的学生，遇到特殊情况或环境发生改变时就会表现出情绪异常。有一部分视障学生升入高一年级学习或到一所新的学校学习，因学习环境发生了变化，面对新环境、新教师、新同学等新的人、事、物，有的表现为烦躁不安，有的表现为郁郁寡欢，有的还会伴随有行为障碍、记忆力下降、注意力不集中以及莫名其妙地不想听课、不写作业、不愿参与群体活动等现象。

视障学生产生学校环境适应障碍，一般会发生在新生入学之后的一段时间之内（一般时间为半年）。分析其原因，主要有：

1. 由于视力障碍，视障学生往往对陌生环境有一种有意或无意的恐惧感，这多是由其过去在陌生环境中的不良情感体验造成的。

2. 视障学生自信心发展迟缓，不能适应新的环境。自信心不足和独立性不强的学生最容易产生环境适应障碍。

3. 学生的某些不良个性易造成环境适应障碍，如敏感、自卑、怀疑、嫉妒、依赖等不良个性品质容易使其在遇到挫折、压力时，往往不能正确对待，而是陷入焦虑、不满、牢骚、逃避、不安、对立、恐惧、愤懑等不良的情绪状态，

导致环境适应不良。

面对环境适应障碍的视障学生，除了组织学生熟悉新环境之外，更重要的是教会学生自我调适：

1. 多与同学交流，积极结交新朋友、新同学，感受新的友情。

2. 多与老师交谈，述说心事，请老师帮助解决适应新环境时遇到的困难。

3. 调整好自己的心态，抱着学习的心态适应新的学习要求，转变、改善学习方法，适应新的学习生活。

4. 提高自信心和独立性，学着自己支配自己的学习与生活，激励自己刻苦学习，迎接新的挑战。

5. 以新的规范严格要求自己，做一个合格的、有特长的、素质优良的学生。

六、口吃的视障学生的心理护理与调适

1. 概念

口吃，即俗话说的结巴，是指说话时字音重复或词句中断的现象。是一种习惯性的语言缺陷。

2. 症状表现

① 开头字音的难发性

在说话时，对开头一个字的发音感到特别困难，给人一种非常吃力的感觉。

② 字音的重复性

对一个字的字音重复多遍。

③ 语句的中阻性

在说话过程中拖长或停止某个字的发音，语言极不流畅，对话不能顺利进行，听话者也特别吃力。有的在说话时还伴有挤眼、面部歪斜、歪脖子、摇头晃脑、踏脚、伸舌头等症状。

3. 病因分析

口吃的原因目前尚不十分清楚，综合各种研究成果，主要有以下几方面原因：

① 生理原因。有人认为，口吃与遗传或某种脑功能障碍有关。

② 心理原因。大量事实表明，部分人的口吃是儿童时期在学习语言时受到惊吓、被严厉斥责、嘲笑，或是环境改变、父母亡故等情况下引起恐惧、焦虑、紧张的结果。

③ 语言神经中枢发育不良或受到损伤以后造成功能性障碍。即与发音、对语言理解甚至读书写字有密切关系的神经系统发生障碍。

④ 生理疾病。如儿童脑部感染、头部受伤以及患百日咳、流感、猩红热等传染病后也易引起口吃。

⑤ 模仿和暗示。家庭成员、亲友或儿时玩伴有口吃的，因觉得好玩而反复模仿形成。

4. 非生理性和功能性口吃的矫正

口吃的矫治和预防，一般包括：解除说话时的紧张情绪，并消除不良刺激，如说话时深呼吸，放松；说话前不要乱想，不要给自己消极的心理暗示，语速适当放缓，使表达自然；进行说话训练。

自我矫正：

① 语言训练

调慢语速，训练发音的节奏感和力度感。在每句话的开始轻柔地发音，改变口吃者首字发音经常很急很重的特点。说话的速度要降到很慢的程度，一开始时一分钟 60 ~ 100 字，而人们平时说话的速度要达到每分钟 200 字。这样有两个效果，一是慢速让人心态平静，二是有一种节奏感。这两点都能有效地减少口吃。口吃者在朗诵和唱歌的时候不口吃，就是因为有一种稳定的节奏感在里面。

② 放松训练

通过腹部呼吸等方式放松心情，以消除紧张情绪，从而矫正口吃。

③ 突破法

组织口吃者在一起或单独到人群密集的地方去演讲、唱歌，逐步克服说话时的恐惧心理。

④ 森田疗法

“顺其自然，为所当为”，放弃口吃的治疗，接受口吃，做自己应该做的事情。这种思想类似于不治而愈。该方法能有效地缓解口吃患者的心理压力。

⑤ 去医院接受治疗或接受心理咨询

【案例】

用催眠疗法治愈口吃

一般资料：学生，男，15 岁，初三学生，六年级时从明眼学校转入视障教育学校。

主诉：口吃，结巴。

个人陈述：从小学就开始结巴，一直到现在，每次说话半天说不出来，同学嘲笑他，自己也越来越害怕说话。

观察和他人反应：他每次说话时把舌头伸出来很长时间说不出来一句话，上课回答问题也是这样，尤其上公开课的时候，他站起来后半天说不出来。长期口吃，同学也不愿意跟他玩。

评估与诊断：口吃。

咨询目标：流畅的说话，一个月完成。

咨询方案：

咨询过程分三个阶段，第一阶段是心理评估和诊断阶段，建立咨询关系，收集资料，进行心理诊断，确定咨询目标；第二阶段是咨询阶段，首先了解导致口吃的原因并针对原因解决问题；第三阶段是巩固与结束阶段，使求助者在平时的生活中能流畅交流。

1. 咨询方法：催眠疗法。

2. 双方各自的特定责任、权利、义务。

3. 咨询时间：每周 1 次，每次 1 小时。

咨询过程：

1. 心理评估和诊断阶段

第一次咨询

目的：收集资料，建立咨询关系，进行心理诊断，了解导致口吃的原因，确定咨询目标。

方法：会谈法、催眠法。

过程：在咨询开始时，充分尊重求助者，用开放性问题收集详细资料。

通过倾听、共情、无条件地积极关注，让求助者尽情倾诉，与其建立良好的咨询关系。

通过催眠，了解导致口吃的原因。

跟求助者一起商量确定咨询目标。

催眠导入与加深后，我把他引到他上小学的时候（因为他说他从小学一二年级开始结巴），问他看到了什么？正经历着什么？他说很多同学嘲笑他，欺负他，并且情绪比较激动，也很紧张。我让他深呼吸，放松。催眠之后他首先想到的是同学的欺负，说明同学的欺负对他造成很大的伤害，他口吃的原因之一肯定跟欺负有关系。又问他又看到了什么？他说在教室上课，老师提问，他不会。他走到教室前发言，却不知要说什么，下面同学都笑他。

通过以上催眠，基本了解了导致他口吃的原因就是小学时同学的欺负以及在课堂上回答不上问题时的紧张导致的。

2. 咨询阶段

第二次咨询

目的：处理来访者曾经的创伤，学会放松，减轻紧张。

方法：催眠疗法。

过程：

催眠导入与加深后，我继续把他引到他上小学的时候，问他看到了什么？正经历着什么？通过放松训练来处理他的创伤（催眠中让他重新经历小学、初中的时光，每想一个场景，出现紧张的情绪后我就引导他放松，重新去面对）。

这次催眠结束后，他的口吃明显好转。

第三次咨询

目的：疗愈口吃。

方法：催眠疗法。

过程：

采集信息，确定催眠暗示语。

1. 笛卡尔象限提问

① 实现目标后有什么好处？

② 目标实现不了会有哪些好处？

③ 目标实现不了会有哪些痛苦和伤害？

④ 实现目标后会有哪些伤害？

2. 基于感官的催眠

你如何知道已经完成目标？

说：说得流畅。

感：轻松，心脏没负担，呼吸顺畅。

听：说话流畅，别人会惊讶于你的改变，会说："没想到你会说得这么好了。"

看：友善的眼光，无异样的眼光。

3. 资源

自身：

能力：喜欢读书朗诵，喜欢与人聊天也能与人聊天。

信念：相信自己能改变。

行为 / 习惯：会做深呼吸。

家庭：妈妈相信自己能改好。

大环境：

催眠导入与加深后用以上暗示指导语。

深呼吸，放松，调整自己的呼吸越来越顺畅，随着自己的呼吸越来越顺畅，你感觉越来越放松。允许自己有这种放松的感觉，你的额头也开始慢慢舒展开，眼角的每一块肌肉都松弛下来，你的眼皮也越来越沉，越来越沉。于是你感觉更加放松。这种放松传到你的鼻尖和嘴角，因此你觉得整个头部都很放松。这种放松的感觉又蔓延到你的脖子、双肩和两条胳膊。也许是从你的左胳膊最先开始的放松，也可能是从你的右胳膊最先开始的放松，或许是你的两条腿最先放松下来。不管是你的胳膊先放松还是你的腿先放松，总之你觉得随着自己的不断放松，越来越舒服。现在想象自己来到了一块黑板面前，是你很熟悉的一块黑板，或许是你小学、初中、高中某个阶段用过的黑板，也可能是某个班级的黑板。你来到黑板面前，右手拿起粉笔，在黑板上画一个圆圈，又在圆圈内写上一个小写字母a，然后左手拿起黑板擦，轻轻地把圆圈内的a擦掉，注意不要碰到圆圈，然后再在圆圈里写上小写字母b，再用黑板擦把字母b擦掉，再在圆圈内写上小写字母c，再轻轻把它擦掉……一直往下写，你在写的过程中，我跟你的潜意识交流，不用刻意去思考，就像现在这么放松。在这种环境中，你可以舒服的去体验你的改变，在这种舒适的情况下，你可以更流畅地说话，从而更好地实现自己的梦想，实现自己的人生价值，你也会更满足更开心。在你不想说话的时候你仍然可以保持沉默，仍然可以很自由。你的朋友和家人想帮你的时候仍然可以帮你。你将会看到别人友善的目光，再也没有异样的眼神。而且你说话流畅，也会令你感觉更加轻松，心脏没有负担，呼吸更顺畅。你将听到自己流畅地说话，别人也惊讶于你的改变。他们会说："没想到你变得这么好。"你是最棒的，因为你有更多的资源去改变自己。你越放松，你转变得越快，思维更清晰，说话更流畅。你的妈妈也非常支持你，妈妈相信你能改好，你也相信自己能改变，而且你喜欢读书、朗诵，喜欢与人聊天也能与人聊天，你还会做深呼吸，这些都能帮助你快速改变。当你醒来时，你会感觉更轻松，心脏没有负担，呼吸更顺畅，说话更流畅。你也会看到别人友善的目光，因为你是最棒的。

现在我带你去一个美丽的地方看看转变后的你，那里有你最喜欢的花，也有你喜欢的草，你愉快地走过去，自由自在，就像现在，放松、舒适、自然。你慢慢地走过去，偶尔会碰到一两个人，你流畅的跟他们打着招呼。静静地在那待一会儿，去享受这份放松、自然和流畅的交流。直到我数到3把你唤醒。

1，2，3，醒过来。你可以完全醒过来，你将面对一个全新的自己。

这次催眠结束后，在我的心理课上他已经完全不口吃了，45分钟都非常流畅地交流，但在其他老师的课上还结巴。

第四次咨询

目的：疗愈口吃。

方法：催眠疗法。

过程：

催眠导入与加深后，放松，让他想象自己来到了一个地方，碰见一个同学，很流畅的跟同学打招呼，交谈。慢慢又来了一些同学，你又跟他们打招呼，跟很多人在交流，非常流畅，边走边跟每个人打招呼，侃侃而谈，思维敏捷，语言流利，你非常享受说话的快乐。慢慢地你成了中心，大家都在听你说，你一个人在讲，所有的人都在听。你越讲越流利，激情澎湃，语言流畅，非常享受，非常快乐，大家也被你的讲话鼓舞。想象你流利地在演讲的情景并尽情地享受说话的快乐。

演讲结束了，你非常开心，高兴地回家告诉了爸爸妈妈，他们也很为你骄傲。第二天来到学校，第一节课，老师来到教室，讲课，提问，叫你回答问题，你非常流利地回答老师的问题，语言非常流畅。老师表扬了你，表扬你说话有进步。第二节课……整天表现都很好。

这部分是经历未来，因为在潜意识里人的受暗示程度是平时的3 000～10 000倍。在催眠后暗示他能流利讲话，这样在现实中潜意识才会努力让他流利地说话。因为潜意识控制人的98%，意识想要，潜意识不想要的，你不会得到。只有潜意识想要，你才会得到，这就是心想事成的原理，也就是我们平时说的吸引力法则。

这次催眠后，大部分时间他都不口吃了。

但咨询还没结束，还需要巩固，可能还会有反弹，这都很正常，需要继续跟进、巩固。

第七章　建立视障学生心理健康教育的保障体系

第一节　视障教育学校心理健康教育现状

一、视障教育学校心理健康教育现状

根据刘华山和郭亨杰1998年对我国学校心理健康状况的归纳，并结合2011年对全国部分视障教育学校心理健康状况调查的结果，视障教育学校心理健康教育现状可归纳为以下几点：

1. 心理健康教育日益得到各视障教育学校的重视

近几年来，视障教育学校陆续开展了一系列有关学校心理健康教育的实验工作或实践活动，内容与形式各具特色。主要开展的工作有：引进专职心理老师，设立心理咨询室，建立学生心理档案，开设心理活动课程，组织心理专题讲座及辅导，成立学生朋辈互助体系等。在心理健康教育活动的时间安排上，有些学校是结合班级、团队活动进行，有些学校则是将其作为校本课程纳入课表统一管理，每周一个课时。随着时间的推移，参加心理健康教育实践的学校越来越多。据2011年对中国32所视障教育学校心理健康教育情况的调查结果显示，有近一半的视障教育学校设立了心理咨询室并开设了心理健康教育活动课程。

2. 开展学校心理健康教育师资的培训

目前，国家、省市各级教育行政部门、大专院校和心理群众团体，如心理

学会、教育学会及心理健康教育研究会等都分别开办了不同层次的培训班，为推进视障教育学校心理健康教育培训了骨干教师队伍。如2013年5月在潍坊举办了全国心理骨干教师培训,青岛市每年暑假也会组织心理骨干教师的培训。

3. 逐步开展心理健康教育的研究与交流

部分视障教育学校开展了与视障学生心理健康有关的课题研究，比如青岛盲校在2006年到2010年进行了“视障学生人际交往心理研究”。很多省市也举行了盲校心理健康教育的研讨，如浙江盲校牵头举行过“全国盲校心理健康教育研讨会”，2009年4月山东省特教研究会组织过“山东省盲校心理健康教育研讨会”。

4. 积极开展视障学生的心理健康教育活动

尽管各个视障教育学校开展心理健康教育活动的内容和形式各不相同，但是归结起来不外乎以下几个方面：

① 通过心理健康教育课程宣传、普及心理健康教育知识，提高视障学生对于心理健康的意识和认识，对视障学生进行心理健康教育。

② 通过心理团体辅导、专题讲座的形式对视障学生进行心理健康教育。

③ 通过个别辅导的形式对视障学生的心理障碍进行调适。

二、视障教育学校心理健康教育存在的问题

视障教育学校心理健康教育作为一种新生事物，在发展过程中还存在许多不足之处。

1. 视障学生心理健康教育的理论体系还未完善

视障学生心理健康教育的目标、内容、方法、评价体系等，目前在视障教育学术界尚没有统一的看法，对视障学生心理健康教育的研究也非常欠缺。

2. 视障学生心理健康教育工作落实不到位，大多为应付检查

尽管心理健康教育在视障教育学校日益受到重视，但却并不规范，在实施的过程中，落实并不到位，很多是为了应付上级检查。比如虽然很多视障教育学校都建立了心理咨询室，但往往没有专职、专业的心理教师，没有真正开展

起心理辅导和咨询工作。

3. 视障教育学校心理健康的专兼职教师缺乏专业化

心理健康教育是一项专业性很强的工作，它需要从教人员具备一定的心理学理论和较出色的人际交往策略。尽管目前一些视障教育学校已开展了形式多样的心理辅导和教育活动，并启动了心理健康教育的课程研究计划，但从总体来看，大部分学校心理健康教育的工作者是由非专业人员兼任，学校为满足开课的需要让其他学科老师代课的现象比较多，一些代教老师既不知晓心理学专业知识，也不懂心理辅导策略与技巧，因而难以取得应有的效果。

4. 缺乏适合视障学生的心理健康教育教材

虽然近几年一些视障教育学校已陆续编写出视障学生心理健康教育教材，但编写的教材缺少专家的审核，或有些学校根本没有视障学生心理健康教育教材，大都是每上一节课都需要教师自己编写。

5. 心理健康教育等同于思想政治教育

有些学校把心理健康教育划归在德育管理机构，在具体操作中简单地以德育教师或班主任来替代心理健康教师，并在工作开展中移植套用德育教育的手段和方法，使得心理健康教育显得机械呆板雷同于思想政治教育，收效甚微。

6. 心理测验的不恰当使用

目前，各视障教育学校在开展心理健康教育过程中，常规的工作之一就是建立学生心理档案。应该讲，心理档案的建立有助于视障学生心理健康教育工作的进一步开展。然而在视障学生心理档案建设中，一些学校过分推崇心理测验，甚至违反心理测验的道德准则，造成不良后果。

第二节　建立视障学生心理健康教育的保障体系

《中小学心理健康教育指导纲要》明确指出："中小学心理健康教育，是提高中小学生心理素质、促进其身心健康和谐发展的教育，是进一步加强和改进中小学德育工作、全面推进素质教育的重要组成部分。""在中小学开展心理健康教育，是学生身心健康成长的需要，是全面推进素质教育的必然要求。”为贯彻落实《中小学心理健康教育指导纲要》的要求，视障教育学校必须将学生心理健康教育工作与学校的办学目标紧密结合，并采取有效措施予以保障。

一、组织保障

《中小学心理健康教育指导纲要》明确提出了要求，要加强对中小学心理健康教育工作的领导。视障教育学校要做好学生心理健康教育，首先就要建立健全机构，成立学生心理健康教育领导小组，组成由校长、分管校长、心理教师和班主任组成的专业团队，负责学生心理健康教育的组织、领导以及统筹、协调，经常性地组织开展学生心理健康教育专题研讨会，提高心理健康教育的科学性和有效性。

二、制度保障

《中小学心理健康教育指导纲要》明确提出：要加强对中小学心理健康教育工作的管理，要求各学校通过多种途径和方式，结合教育教学实际，保证心理健康教育时间；明确要求学校要利用地方课程或学校课程科学系统地开展心理健康教育。

要做好视障学生心理健康教育，学校必须要有明确的制度将学生心理健康教育纳入学校的整体教育教学工作之中，如课程计划、教育教学管理、班主任工作要求和教师教学评价等，确保学生心理健康教育扎扎实实地得到落实，并在学生身上见到成效。

三、物质保障

要加大投入，建设心理辅导室并配备相应的设施设备。《中小学心理健康教育指导纲要》明确要求要加强心理辅导室建设，切实发挥心理辅导室在预防和解决学生心理行为问题中的重要作用。

心理辅导室的配备要按照《中小学心理健康教育指导纲要》要求进行配

备，为开展心理辅导、交流的师生提供一个温馨的环境。有条件的学校可建立多个功能室，如心理放松室、个别辅导室、心理宣泄室、心理沙盘室、心理测量室等。

四、人员保障

各校应配备专职或兼职心理教师，专职负责心理健康课教学、心理健康教育活动的组织与开展、学生心理档案建设、学生个别化心理问题的辅导以及教师心理健康教育校本培训等。

《中小学心理健康教育指导纲要》明确要求要加强心理健康教育教师队伍建设，建立一支科学化、专业化的稳定的中小学心理健康教育教师队伍。要求每所学校至少配备一名专职或兼职心理健康教育教师，并逐步增大专职人员配比。要求各校要制订规划，逐步配齐心理健康教育专职教师，专职教师原则上须具备心理学或相关专业本科学历。

图 7–1　教师心理体验活动

图 7–2　教师心理培训

心理健康教育是一项专业性很强的工作，因此加强专业教师队伍建设成为首要解决的问题。各校纷纷积极引进专职心理教师，心理健康教育不断走向专业化，特殊教育学校也不例外。但是，个人的力量有限，仅仅依靠心理教师做学生的心理健康教育工作显然是不够的。育人需要合力，视障学生的心理健康需要全体教职工的共同努力。因此，视障教育学校应加大对全体教职工进行学生心理健康教育培训的力度，尤其是加大班主任培训力度，让更多的教师掌握心理健康教育与辅导知识和技术、技巧，能根据学生的生理、心理特征以及发展规律在日常教育教学工作中对学生进行心理健康教育，对于学生出现的心理问题给予及时的教育与辅导。

青岛盲校，2004年引进优秀心理教师专职从事视障学生的心理健康教育工作，定期对全员和班主任进行学生心理健康教育培训及教师心理健康指导，提高了广大教师和班主任心理辅导的有效性。

心理健康的教师，才能培养出心理健康的学生。对教师心理健康的关注也是视障教育学校学生心理健康教育的一个重要方面。《中小学心理健康教育指导纲要》明确提出："要重视教师的心理健康教育工作。学校要关心教师的工作、学习和生活，从实际出发，采取切实可行的措施，减轻教师的精神紧张和心理压力。要把教师心理健康教育作为教师教育和教师专业发展的重要方面，为教师学习心理健康教育知识提供必要的条件，使他们学会心理调适，增强应对能力，有效地提高其心理健康水平和开展心理健康教育的能力。"

视障教育学校教师流动少，比较封闭，每天面临的工作比较琐碎且需要付出更多爱心、耐心和细心，为此，学校要结合教师的实际和工作特点，帮助教师进行心理减压减负，如积极支持学校工会、共青团开展好活动，活跃教师的业余生活，让老师们放松身心。更重要的是，要定期组织老师走出去开阔眼界，学习优秀经验，帮助教师找到职业发展的方向，实现职业理想，让老师在工作中找到快乐，体验到特殊教育教师的职业幸福感。

五、资金保障

学校应加大资金的投入，除了购买心理健康教育与辅导的设施设备和教育教学用具外，更重要的是保障专兼职心理教师的提高培训、全体教师心理专题培训以及学生心理健康教育活动的开展。

第三节　完善心理健康教育工作的管理

一、规范心理健康教育课程管理

学校要根据视障学生的心理发展规律和不同年级学生心理健康状况，积极开好心理健康教育课程，并积极开发校本课程，做好课程建设工作。心理健康教育课程的开设应根据学生的实际，有的可以作为校本课程进课堂。如，初中阶段学生生理突变期容易产生若干相应的心理问题，此时心理健康教育课程作为必修课进课堂是非常必要的；初三和高三，在升学压力大的特殊境况下，学生也易出现相关的心理问题，此时应加强学习心理辅导，减缓学生的心理压力。当然，在考试科目课时紧张的情况下，可以利用班会时间以团体辅导课的形式，按系列集中组织进行。针对可能出现心理问题的学生群，如青春期学生、有早恋倾向的学生、有考前焦虑的学生等，可以以自主性或限定性选修课、活动课的形式组织开展专题心理辅导，让学生自主选择是否参加，或参加哪个专题的个别辅导。

二、建立完善的评估体系

这是做好心理健康教育工作的保障。学生心理健康教育是一个系统工程，要全员、全过程、全方位开展心理健康教育与辅导，呵护视障学生的心理健康。学校各项工作，都要渗透育人功能，通过教书育人、管理育人、服务育人、环境育人、活动育人等多样化的途径，使学生在学习知识的同时，培养良好的心理素质。因此，要将心理健康教育纳入学校的工作计划、部门工作计划和教师教育教学质量考核评估之中，确保心理健康教育落到实处，落实到每个学生身上。

在课堂教学过程中，要倡导营造理解、尊重、信任、宽容、和谐、有序的氛围，让学生在相互理解、尊重和信任中体验诚信教育，提高人文素养，使课堂教学成为培养学生人文精神、实现学生身心健康发展的主阵地。

视障学生绝大多数自小住校，生活教师除了给予视障学生生活方面的照顾外，更多的是要给予他们心理关爱，让他们的校园生活快乐、健康、幸福。

三、做好学生心理健康状况评估和档案建设与管理

为每个学生定期进行心理健康状况评估，是做好心理健康教育的基础。

视障学生大多从六七岁就开始了住校生活，一直到十八九岁，一年 365 天中除了假期外几乎都在学校度过。青春期、叛逆期等成长的重要时期都是在学校度过的。

每个重要发展阶段，尤其一些重要事件，对视障学生的心理有着显著的影响。此外，在每一个视障学生的成长过程中，校园文化的熏陶、老师的教诲、同伴的影响等都在深刻地影响着他们的心理发展。因此，对每个视障学生进行定期或不定期的心理健康状况评估，为每个视障学生建立心理健康档案不仅必要，而且非常重要。

1. 视障学校心理健康档案的内容

① 心理健康教育工作计划和工作总结档案

② 心理团体辅导及专题心理讲座档案

③ 心理个别辅导档案

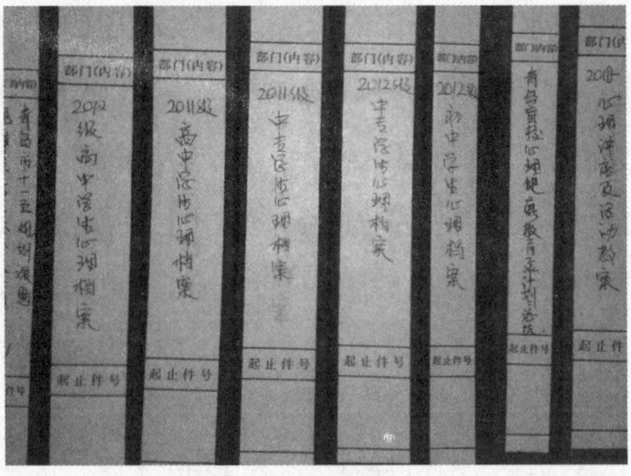

图 7–3　心理档案

2. 视障学生个体心理档案的内容

个体心理档案的内容，又称心理档案的项目，是指能从中揭示或了解到的有关学生心理状况、心理特点等的材料。学生心理档案的内容，应尽可能全面反映学生的心理特点，从而为学生教育提供可靠而准确的信息。

学生心理档案一般包括两大方面：一是影响学生心理发展的基本资料，即学生基本情况，主要包括个人基本情况、身体状况、视力残疾状况、家庭生活情况、在校学习生活情况及对个人生活有影响的重大社会生活事件等。二是反映学生心理状况和心理特点的资料，主要包括能力状况及教育建议、心理干预情况和心理测评情况等。

在建立心理档案过程中，可以根据各校实际选择其中的部分内容。

心理档案的责任人应是心理教师。

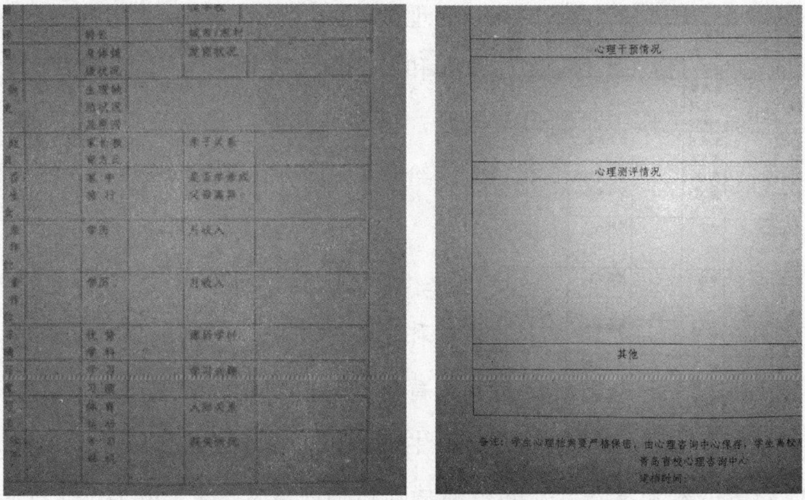

图 7–4　视障学生个体心理档案

四、心理健康教育管理过程中应注意的问题

1. 充分认识心理健康教育的重要性

视障学生的心理健康教育，往往很难在短期内见成效，它不像体育、艺术等效果凸显，但不能因为其没有立竿见影的效果而忽视这项工作。无

论学校的整体工作，还是每个视障教育工作者个人的工作，都要从特殊教育的宗旨和教育目标的高度去认识学生心理健康教育工作的重要性，坚持不懈地做好这项工作，真正为视障学生的健康成长和未来幸福打下坚实的心理健康基础。

2. 管理制度的制定和实施要突出人性化

在视障教育学校的管理中，要注重把制度管理和人本管理有机地结合起来，制度化和人性化要相融合，互为补充，形成基于制度化条件下的人性化管理，调动师生的积极性，营造一种和谐自然、团结协作、理解信任、开拓进取的文化氛围，使教育管理既合法（合乎规矩），又合情合理，也就是和谐、自然的管理。

3. 要充分发挥专兼职心理教师的作用

要支持心理教师的工作，关心心理教师的成长。要将学校的工作目标与心理教师的发展目标协调统一，注重人和事的统一发展，要为心理教师的发展搭建平台，使其在工作中不断自我提升，帮助其实现自我价值。在具体工作中，要调动心理教师的积极性和主动性，给予心理教师信任、理解和支持，使其愉快地工作。

4. 要调动学生积极性，倡导自主，强化体验与感悟

在管理过程中，要将学生的目标和学校的目标、教师的目标协调统一，让学生的自主管理、自我锻炼、自我教育得到充分实现。要通过丰富多彩、形式各异的体验活动，潜移默化地滋润学生的心田，给予学生发展所需要的人性关爱，为他们奠定未来发展需要的精神基础和心理基础，使之成为一个品德高尚、有智慧、有理想抱负的学生。如让学生承担校园临时岗位责任员等校园管理事务，让学生体验劳动和工作的快乐，培养自信心；组织春游、秋游等活动，让学生感受自然，感受生活，形成相应的道德文明行为，进而感悟人与人之间的文明交往、和谐协作、相互关爱，建立一种崭新的人与人、人与自然的关系；通过社区服务，让学生接触社会，体悟奉献，强化社会意识，提高社会责任感，养成坦诚豁达的人生态度；举行充满激情的开学典礼和场面温馨、激动人心的

毕业典礼，让学生感受团体精神，培养学生乐观向上的精神等。

5. 要突出管理的服务功能，全心全意为视障学生提供优质教育服务

视障教育的服务对象是视力有障碍的青少年，因此视障教育的服务功能应倍加突出。在视障学生的教育管理中，养护占有很大的比重，尤其是对视多障小学生。学校管理的方方面面要让学生享受到方便的服务，如无障碍行走、无障碍生活等。当然，这种服务不是浅层次的服务，而是优质服务；不是事无巨细地替他们做，而是要耐心细致地教他们做，辅助他们做，使学生能掌握更多的生活技能，找到自尊、自信。

6. 要关注每个学生个体的心理健康和心理需要，促进学生身心健康发展

要建立学生心理健康教育管理机制，将学生的心理问题消除于萌芽之中。

① 要定期召开学生专题研讨会，研究有特殊需要的学生个体问题。对于出现心理异常的学生，及时进行干预和辅导，将异常心理问题消除在萌芽之中。如，青岛盲校每学期定期召开学生专题研究会，研究主角就是一个个的学生。研究会上，每个老师除了汇报本学科教学情况外，重要的议题就是特殊学生的特殊需要，每一个特殊学生都是研究重点。各科老师各抒己见，研究、确定具体的办法，并且责任到人，有的学生教育工作由科任老师解决，有的学生问题由班主任来做，有的学生需要心理教师做主角。每次学生专题研究会的重点目标都有两个：一是减轻学生的心理负担和压力；二是帮助学生解决困扰其凝神聚力投入学习的心埋问题、情感问题和学习障碍。

② 建立与家长沟通、合作的教育机制，将学生的实际情况和教育需求及时告知家长，争取家长支持。如学生早恋问题，教师的疏导，心理教师的参与，家长的知情与参与三者要密切配合，共同做好学生的教育和心理疏导。

总之，做学生心理健康教育管理工作，最重要的是要把学生看成是发展成长中的人，对学生的成长给予爱和职责，理解和包容他们在成长过程中的不足，真诚地对待学生，关心他们的身心健康。此外，做视障学生心理健康教育管理工作，还要充分尊重、理解视障学生视力残疾的生理实际以及由此产生的心理实际，给予视障学生特殊的关注与关爱。

【案例】

青岛盲校小学部特殊需要学生专题研究会

一、会前准备

1. 任课教师观察、研究课堂教学中特殊学生的实际和教育需求。

2. 任课教师针对学科教学和学生学习中存在的问题进行原因分析。

3. 确定特殊需要学生名单。

4. 教学管理部门人员进行相关听课观察和调研分析。

教师会前梳理的特殊需要学生问题：

一年级语文

阿晶：不能参与课堂学习，扰乱课堂教学秩序。

小洋：学习能力差，需要个别关注。

小雨：学习汉字，需要个别辅导。

一年级数学老师

小洋、阿晶不具备学习能力。

小雨不会主动参与集体听课，进度比其他人慢，需要制订个别教育计划。

二年级数学老师

杰：学习能力弱，听课注意力集中时间短，进度比别人慢很多，需要制订个别教育计划。

二年级语文老师

学生在年龄上、生活经验上存在差距较大，造成理解能力上有差别。特殊学生：杰，学习能力差，注意力集中时间过短，理解能力较差，不会参与集体学习。盲文书写不错，但摸读很差，需要个别辅导。

三年级语文老师

建：上学期刚从明眼学校转来，之前一直不会写汉字，所以主要存在书写汉字的障碍，但这个问题正在通过课后补习逐步解决。

三年级英语老师

轩、宏：不能正确书写字母，只能跟读，机械记忆单词。

敏、玉：理解能力差，不会模仿造句，回答问题时喜欢重复老师的问题。

四年级英语老师

金：刚刚学会 26 个字母，不会背单词，跟不上教学进度。

四年级数学老师

金：基础差，不会学习，识字量太少。

四年级语文老师

金：识字量很少，不按笔画顺序写字。理解能力比较差。

其他年级、学科教师

小朝：刚从明眼学校转来的低视力学生，看汉字课本非常吃力，识记、书写汉字速度慢，遗忘快。有自卑倾向，但心态还比较平和。

小轩：低视力学生，生长发育迟缓。在学习上，能够认读汉字，但是积累性差，自己不能读课文；能够书写简单汉字，但是不能理解汉字结构特点，基本属于“画”字；不能理解老师讲课内容，只能进行简单的、机械性的重复背诵。

小宏：低视力学生，由于出生时的医疗事故，影响认知能力；小时候的意外事故，手指、脚也都动过手术；学习能力非常低，没有办法识记汉字，也不能摸读盲文和书写盲文。有一定的理解能力，能够部分理解简单的课文或者事情。

小锦：摸读盲文速度慢，不会书写，理解能力差，自己不会思考。

小江：声音过大，摸读慢，书写差。

小旭：表达能力较差，动作慢，懒。

小阳：六年级全盲学生，理解能力较差，反应慢。值得注意的是：他在 1 ~ 5 年级时学习等各方面都发展不错，突然出现此现象。

小晓：基础太差，有的学科需要从一年级内容开始重新辅导。

小超：学习能力弱，相当于二年级水平，需要制订个别教育计划和个别辅导。

会议纪要（发全体教师）

二、主题

关注个体，关注需要。

三、参加范围和人员

小学全体任课教师（18人）。

四、会议目标

就小学部特殊需要学生教学中的主要困难和实际问题进行专题研究，使全体教师统一认识、统一教育教学目标，研讨、制订有效解决问题的具体措施和方式方法，并齐心合力贯彻实施，尽最大努力帮助特殊需要学生解决学习、生活中遇到的困难和实际问题。

五、会议程序

（一）任课教师对特殊需要学生进行客观分析。

（二）全体教师进行讨论，初步达成了共识，提出了教育安置意见。

一年级学生小洋

该生由于自身疾病造成其身体协调能力较差。建议活动课教师和班主任要在课堂内、外对其进行康复训练，增强其身体的灵活度，训练其体能。（具体负责人：孙老师）

三年级学生小雅、小军

建议班主任请特训部的教师对两位学生进行评估，根据评估结果考虑他们未来的教育安置。但目前在课堂教学中，所有任课教师应采取分类分层次教学的方式，为两位学生设计适合的学习内容，使其能学有所获，快乐学习。

四年级学生小朝

因该生随班就读时认知的汉字太少，影响了其他学科的学习，并有一定程度的心理自我封闭倾向。

建议：语文教师多对其进行个别辅导，强化其汉字学习，同时其他学科如音乐、美工、科学、思品等所有学科教学中都要结合教学内容在教学过程中适当地安排该生的汉字认读教学，齐心协力帮助该生尽快提高识字量，为今后的学习扫清障碍。

四年级学生小金

该生于 2012 年 9 月从明眼学校转入我校，就读四年级。入校后任课教师发现该生基础太差，不适合跟班学习。在对其进行学习水平评估后，在征得本人和其家长的同意后，建议语文、数学、英语到一年级走班学习，其余科目随四年级学习。

六年级学生小阳

班主任邀请心理教师参与分析其突然出现学习、行为问题的原因，扫除心理障碍，使其快乐生活、快乐学习。初步分析认为，由于该生为全盲学生，日常知识面窄，影响了其认知发展和智力发展。建议家长多带他外出，多接触和了解社会，增加知识面，开阔视野。

……

六、教师反馈

1. 本次会议使老师们深刻认识到学生的特殊需要给我们的教学工作提出的新目标和高要求，解决学生的特殊需要，是教师在教学工作中的目标和方向。老师们在平时要加强学习和交流，多反思，多想办法，努力提高自己的教学水平，让学生能够快乐学习，健康成长。

2. 本次会议目标明确、具体，使每一位教师对每一位学生的认识更加充分和全面，能够使教师的教育教学更有针对性。

七、点评

1. 视障学生的心理发展与生理发展密切相关，学习与行为是其心理状况的晴雨表，学校和老师要善于从学生的学习、行为等发现学生身上隐藏的心理问题，及时研究对策，采取有效措施予以疏导，使其健康成长。

2. 开展定期、不定期的学生专题研究会，及时发现学生的生活、学习、心理、生理等方面发生的变化以及由此产生的障碍，及时进行早期干预，帮助学生身心健康发展。

第八章　视障教育学校心理健康教育课参考课例

第一课　训练注意力

一、主题设计

注意是心理活动对一定对象的指向和集中。它作为一种心理现象，始终伴随着认识活动或学习的全过程。因此，提高注意力对于顺利完成任务、促进智力发展，具有重要的意义。注意具有集中性、稳定性、广度、分配和转移等特性。集中性指的是注意力指向于一定事物的聚精会神的程度。学生的学习成绩与学生学习时的注意力集中性是呈正相关的。稳定性指的是在一定时间内把注意力集中于某一事物或活动上的能力。注意的集中性和稳定性是学习知识的前提。对于小学生来说，提高其集中性，保持其稳定性是注意力训练的基本任务。集中注意力的方法很多。本课采用计数法、抗干扰法等。

二、教学目标

1. 通过活动，培养学生训练注意力的意识。

2. 通过活动，教会学生提高注意力的方法。

三、辅导方式

竞赛、活动、讲述、讨论。

四、辅导准备

一叠卡片。

五、辅导时间

一课时。

六、辅导步骤

（一）导言

法国生物学家乔叶居·维叶说：“天才，首先是注意力。”任何人要想把一件事情做好，首要的一点就是要让自己的注意力集中于当前要做的事情上。这就像一个人不能同时骑两匹马，骑上这匹，就要丢掉那匹。聪明人会把分散精力的要求都置之度外，专心致志地去做一件事，做就把它做好。

（二）思考与探究

活动 1. 注意力的作用

写 1~100 两次。

第一次在写的过程中教师讲一个故事来分散注意力。第二次写的时候没有干扰因素。比较两次书写的时间长短、错误率以及美观程度，并分析产生不同的原因。

我们生活在五彩缤纷的大千世界中，每一瞬间，总有许许多多的事物同时影响着我们，那如何才能做好我们要做的事情呢？

活动 2. 注意力训练

1. 数数游戏

① 两人或多人接力数数，从 1 数到 100 或从 100 倒数到 1，谁数到含有 7 的数字时要站起来，否则就要表演节目，当然，数错了也要表演节目。

思考：在活动中你是怎样提高自己的注意力的？

② 请两个同学，第一个同学从100开始递减2一直递减到70，第二个同学，从100开始递减3一直递减到50，两人同时大声朗读，看谁能不受外界干扰。

思考：在刚才的数数中你如何避免另一个同学的干扰？生活中你是如何避免别人的干扰的？

2. 看谁算得快

全班分成两组，每组成员依次报数，每人记住自己的号数。

① 活动要求：

同学们要集中注意力，记住自己的号数，听清老师出的题目。

各组答案最后一位数等于自己号数的同学回答。

第一个站起来回答的小组加100分，如果错则不得分，最后得分最多的组胜。

不准喧哗，不答题的同学不能提示。

活动开始，教师依次出示卡片，学生抢答；比赛结束后，计算各组得分。

②小组讨论：你们组在比赛中为什么取得好成绩？（或你们组为什么成绩不理想？怎样才能取得好成绩呢？）

③小结："注意"在我们学习中多么重要啊！我们学习时，它当我们的"警卫员"，集中注意力能使我们只注意那些准备接受的信息，使我们要学习的知识，从外界顺利地进入我们的头脑中。你们看，刚才注意力集中的同学就取得了很好的成绩。

3. 脑力激荡

"我不是不爱学习，我更不是一个坏学生，我下了好多次决心，上课不走神，可我总也控制不住自己。我看到周围的同学都在专心致志地听老师讲课，在课上把老师讲的全部记住了，课下根本不用怎么复习，却能取得不错的成绩，我真羡慕他们。哎！我可怎么办呢？"

你认为这位同学怎样做才会解决自己的问题？请你结合自己的情况，将认为"能够帮助集中注意力、提高学习成绩"的想法尽可能多地列举出来。

俄国有位教育家曾经说过："注意是一扇门，我们所要学习的一切知识都要从它那里通过。"在学习中，只有时时、处处保持高度的注意力，才不会让知识从我们身边溜走。

4. 我的感悟和收获

通过今天的活动，你有哪些感悟和收获，跟大家分享一下吧。

（三）课后拓展练习

向身边在某一方面成功的人请教集中注意力的方法。

（四）阅读

这里有三个不错的练习能够帮助你有一个优质、清晰的注意力，当然也解决了"如何提高集中注意力的能力"这个问题。

1. 强化注意力

练习在意识中一直想着一专门物体 5 到 10 分钟，每天两次。这个专门物体要让你有一些可以想象的细节，但是又可以在脑海中简单地"看到"。比如：一个苹果，一支笔，孩子或宠物的脸，你家房子轮廓，等等。选择一些你不会很难描绘，但是又需要注意看才能看得更清楚的东西，唤起你对物体的一种强烈的意识图像，然后不要分散注意力，对该物集中精神 5 到 10 分钟。

在练习初期，这是有难度的，因为你的意识没有受过训练。随性的想法和画面会一直进入你的脑海，你也会一次又一次地把注意力拉回到那件物体上。但是，一定不要因此而中止练习！要记住，你不断反复、挣扎的唯一原因就是你还不具备集中注意力的顽强能力。随着你每天的不懈练习，你会发现集中注意力会变得越来越容易。在集中注意力练习期间，你的集中能力越强，你就越能发现在其他时间，注意力不集中的问题已不再困扰你。这能够成为"如何提高集中注意力的能力"的关键的第一步吧。

2. 放空思绪

造成注意力不集中的另一个"凶手"就是你满脑子凌乱分散的想法。放空思绪在对付凌乱想法方面有神奇的效果！

在做这项练习时，首先你要列出清单，上面写出你认为需要记住的所有事情。这会让你在释放凌乱想法的过程中倍感舒适。然后，花 5 到 10 分钟平静你的思绪。尽管练习的名称是“放空思绪”，但是你不能完全清空你头脑中的想法。这段时间内，你的想法一直在大脑中流动。尽管如此，你可以把它们分开或是简单地随他们流过。你能够观察想法的种类，看思绪缓缓流过。你会认识到，你有想法，但是你却不会去倾听它们并开始积极地为它们着想。你坐拥一方宁静，任思绪平缓滑过。这种经历是很难描绘的，但是你一旦掌握要领，你会发现，这是一项能够让你释放压力、在短时间内提高注意力的神奇技能。

3. 把事情形象化

如果你要实现或完成一个重要的目标或任务，并且你对于能否胜任此事没有把握，那就把事情形象化！研究表明对任务或行动进行脑部操作与在实践中操作同样有效。这就意味着，形象化可以作为一个强有力的练习阶段来帮助你掌控一切，包括更好地进行时间管理。

试着想你自己能够保持身心平衡，内心平静，对一天的事情保持注意力，能够轻松搞定任何意外和干扰，在一天结束的时候感觉快乐并以己为荣。试着想你自己做了一场成功的演讲，体育运动表现不错，或是其他你想掌控的事情。技巧在于这一切都完全在你意识中完成，去看去感受一旦真的发生你所能看到或是感受到的。这项练习你做得越熟练，越有助于你的实践，你会开始预见更多的行为结果。

第二课　遵循记忆规律增强记忆力

一、主题设计

学生的主要任务是学习，而学习中很重要的一种能力是记忆能力。记忆能力的好坏往往能很大程度地影响学生的学习成绩。很多学生很努力地去背却往往记忆效果并不好。因此我设计了本节课，总结了记忆的规律，并跟学生一起探讨这些记忆规律在学习中的具体应用。

二、活动目的

1. 通过活动与训练，让学生掌握一些记忆的规律。

2. 结合学生各自的情况，选用一些记忆方法来提高学生的记忆能力。

3. 体验记忆方法对提高记忆效率的作用以及因此带来的快乐和自信，调动学生学习的积极性。

三、活动形式

讲述、小组讨论、上台介绍经验。

四、重点、难点

1. 重点：让学生灵活运用多种记忆方法来提高记忆力。

2. 难点：让学生懂得遵循记忆规律能增强记忆力。

五、活动过程

（一）导言

一个人聪明与否，与记忆力有很大的关系，记忆力是智力的一种基本要素。记忆力除了与遗传有一定关系以外，在很大程度上是可以通过自我训练来增强的。今天我们一起来研究“怎样增强记忆力”。

（二）思考与探究

活动 1. 传话筒游戏

全班从第一个同学开始把纸条上的一句话悄悄告诉下一位同学，依次往下进行。最后一位同学说出前面同学告诉他的这句话的内容。再请第一位同学读出纸条上的内容，看有无不同。

在这个游戏中，要想传话准确无误，除了听得准、说得明之外，还需要记得牢。今天就让我们一起来探索记忆的规律。

活动 2. 探寻记忆的规律

1. 记忆大挑战之记忆数字

请同学们记住以下数字：

36285　238592　4623856　238592614　6138540137　112451352153

1010010001000010000100

大家都记住了吗？

你是从哪个数字开始觉得困难了？出错了？

你是怎样记住那些比较长的数字的？

记忆的规律一：记忆的有限性与无限性

A . 有限性：短时间内的记忆量为 7±2 组块。人们一次通常只能记忆 5 ～ 9 个对象，在寻找规律的基础上容易记忆。

B . 无限性：人脑主要由约 140 亿个人脑细胞构成，在人的一生中最多只用了 10%左右的人脑细胞，其余的均在“沉睡”中，有待开发。

2. 记忆大挑战之记忆词语

请同学们记住以下词汇，1 分钟后默写。

莲花　电灯　扑克牌　黑板　松树　葡萄　青蛙　寺院　山羊　秋千

飞机　树　信封　耳环　水桶　唱歌　篮球　鼻子　花朵　气球

天空　导弹　苹果　小狗　闪电　街道　柳树

同学们在刚才的活动中有什么感受？

观察一下默写的结果，中间 7 个词与前后 7 个词出现的情况，你发现什么规律了吗？

记忆的规律二：就近和首尾效应

记忆材料中最初记忆的材料（排首）和最后记忆的材料（就近）的回忆比较容易，而处于中间位置的材料最易忘掉。

由以上规律你得到了怎样的启发?

3. 记忆大挑战之记忆材料

下面两段材料，每段材料记忆 1 分钟后默写。

第一段材料：因应期市前早卒值对新窝热点五谁感总阴文棉梯再低

第二段材料：花近高楼伤客心万方多难此登临锦江春色来天地玉垒浮云变古今

感觉哪段材料好记？为什么?

你用了什么特殊的方法记忆?

从这个活动中你得到了怎样的启示?

记忆的规律三

有联系的、可赋予意义的、理解的材料更容易记忆。

根据这条规律，你会怎样调整自己的学习策略呢?

4. 遗忘规律

艾宾浩斯遗忘曲线。

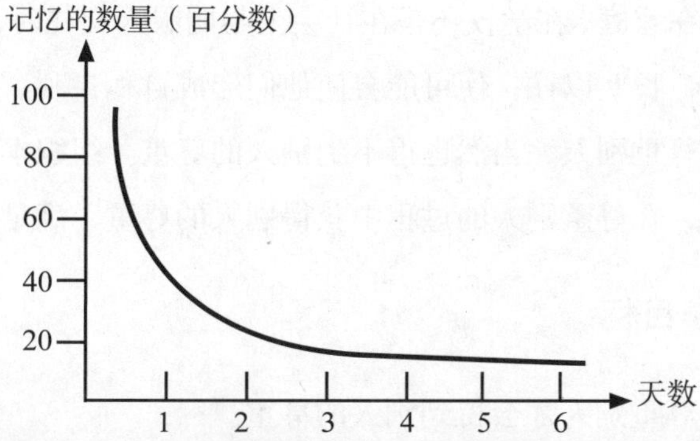

遗忘规律：遗忘的进程不是均衡的，呈现“先快后慢”的趋势。

观察这条遗忘曲线，你发现遗忘规律了吗？

根据遗忘规律，你应该怎样安排自己的复习呢？

通过今天的活动，你有哪些感悟和收获，跟大家分享一下吧！

（三）课后拓展练习

学习中运用这些规律，调整自己的学习方法和策略。

（四）阅读

记忆的八要诀

背诵—记忆的根本　　应用—记忆的动力

卡片—记忆的仓库　　联想—记忆的捷径

理解—记忆的基础　　简化—记忆的助手

整理—记忆的措施　　趣味—记忆的媒介

第三课　尊重别人就是尊重自己

一、主题设计

马斯洛的需求层次理论指出，受人尊重、被人承认是人类的高级需求。这种需求的满足有利于培养自信心，提升个人成就感，提高生活幸福度等。但是视障学生无论在家庭、在学校还是在社会上与明眼人交往时，往往处在被照顾、被服务的地位，长此以往，便可能会使他们形成自私自利、以自我为中心等心理特点，不会尊重别人，当然也得不到别人的尊重。组织本课内容，是让学生学会尊重别人，在尊重别人的过程中获得别人的尊重，满足自己的心理需求。

二、教学目标

1. 认识到尊重别人才会得到别人的尊重。

2. 学会换位思考，站在别人的角度思考问题，真正做到尊重别人。

三、重点、难点

学会换位思考，站在别人的角度思考问题，真正做到尊重别人。

四、教学方法

活动、讨论与体验式教学相结合。

五、教学过程

（一）导言

有这样一个故事：在一个山谷里，一个小男孩对着四周大声地喊："我不喜欢你！"结果山谷里传来了回声："我不喜欢你！"小男孩生气了，就对着山谷大叫："你是坏蛋。"山谷又传来了回声："你是坏蛋。"小男孩气哭了，回到家里告诉妈妈说山谷里有人骂他。他妈妈问明了情况，就让他再去对着山谷喊："我们做朋友吧！"第二天，小男孩来到山谷将信将疑地大声喊了一句："我们做朋友吧！"果然山谷里传来了回声："我们做朋友吧！"小男孩又接着喊了一声："我爱你！"结果山谷里又传来了回声："我爱你！"

这个简单的故事说明了人们相互尊重是多么重要。你尊重别人，别人也会尊重你。反之，你没有把尊重给予对方，那么你也不会得到别人地尊重。

尊重他人是一种美德，是一种高尚的情操。只有尊重他人，才能获得他人对你的尊重。所以，尊重他人也就是尊重你自己。

(二)活动与探究

活动 1. 游戏中体验

同学们围成一个圈。

第一轮游戏：每个人帮自己右边的同学取一个贬义的绰号，并且轮流说：“我帮 ××× 同学取绰号 ×××。”然后把加诸在别人身上的绰号收回自己用，说：“我是 ×××。”

第二轮游戏：每个人帮自己右边的同学取一个褒义的绰号，并且轮流说：“我帮 ××× 同学取绰号 ×××。”然后把加诸在别人身上的绰号收回自己用，说：“我是 ×××。”

思考交流：帮别人取好的绰号和不好的绰号用在自己身上时感觉有什么不同？这个游戏给我们什么启示呢？

活动 2. 故事中感悟

故事 1：盖达尔的偷技

在莫斯科的一处电车站，一位手捧着几本书的小伙子上了一辆电车。他在口袋里掏了好久也没掏出买车票的钱，只好难为情地看着售票员；接着他又继续掏口袋，终于掏出一枚硬币微笑着递给售票员。

在电车的乘客中间站着一位头戴灰色鸭舌帽的人和一位穿军大衣的人。突然，戴灰色鸭舌帽的人抓住了穿军大衣的人——因为他看见穿军大衣的人悄悄地将手伸进了拿着书的小伙子的口袋。

电车停了下来，人们激动地喊叫着。穿军大衣的人试图想说点什么，但谁也不听他的。这时一位警察走到他们三个人面前，警察要穿军大衣的人出示身份证。

穿军大衣的人从口袋掏出一本小册子难为情地说：“我没带身份证，这是我的苏联作家协会会员证。我叫阿尔卡季·盖达尔。”

“我们可算见识了这种所谓的作家了！”车厢里的乘客讥讽地嚷道。然而那位拿着书的小伙子却默不作声。

“他到底偷了您什么？”警察问小伙子。小伙子脸红着回答道：“我刚考上大学，昨天才来到莫斯科。我口袋里没钱，他没偷我的东西。”

“难道他就真没有偷点您的什么别的物品吗？”

于是小伙子又仔细翻了一下口袋，突然他发现了一张五十卢布的纸币：“这不是我的钱。”小伙子腼腆地说。

全车人静了下来。大家都看着作家盖达尔。然而盖达尔却什么也没有说，他只是看着地上。

故事2：我知道谁开的那一枪

第二次世界大战期间，某支部队在森林中与敌军相遇，激战后两名战士与部队失去了联系，这两名战士来自同一个小镇。

两人在森林中艰难跋涉，他们互相鼓励，互相安慰。十多天过去了，他们仍未与部队联系上。这一天，他们打死了一只鹿，依靠鹿肉又艰难度过了几天。也许是战争使动物四散奔逃或被杀光了，这以后他们再也没看到过任何动物。他们仅剩下一点鹿肉，背在年轻战士的身上。这一天他们在森林中又一次与敌人相遇，但他们巧妙地避开了敌人。

就在自以为已经安全时，只听一声枪响，走在前面的年轻战士中了一枪——幸亏伤在左肩膀上，后面的战士惶恐地跑了过来，他害怕得语无伦次，抱着战友的身体泪流不止，并赶快把自己的衬衣撕下来包扎战友的伤口。

晚上，未受伤的战士一直念叨着母亲的名字，双眼直勾勾的。他们都以为熬不过这一关了，尽管饥饿难忍，可他们谁也没动身边的鹿肉。天知道他们是怎么过的那一夜。第二天，部队救出了他们。

事隔30年，那位受伤的战士说：“我知道谁开的那一枪，他就是我的战友。当他抱住我时，我碰到了他发热的枪管。我怎么也不明白，他为什么对我开枪？但当晚我就原谅了他。我知道他想独吞剩下的鹿肉，我也知道他想为了他的母亲而活下来。此后30年，我假装根本不知道此事，也从未提及。战争太残酷了，他母亲还没有等到他回来就去世了。我和他一起祭奠了老人家，那一天，他跪下来，请求我原谅他，我没让他说下去。我们又做了几十年的朋友，我原谅了他。”

故事 3：用尊重化解矛盾

美国有位总统叫马辛利。有一次，因为一个用人问题，他遭到了一些人的强烈反对。在国会会议上，有位议员当面粗野地讽刺他。他气得要命，但极力克制住自己。等对方骂完后，他就用温和的口吻说道：“你现在的怒气应该平和了吧。照理，你是没有权利来这样责问我的，但现在，我仍然愿意详细解释给你听……”他的这种姿态，使那位议员羞红了脸。现场一触即发的矛盾立刻缓和了下来。

感悟交流：

（1）听完故事后你有什么感触？生活中你有这样被别人尊重或尊重别人的经历吗？跟同学分享一下吧。

（2）在故事 2 中，受伤的战士理解对方想见到母亲的苦心，从而原谅了对方的过错。在我们的日常生活当中，难免也会有这样的事情发生：一对亲密无间的朋友，无意或者有意做了伤害你的事，你是原谅他？还是从此决裂？或者采取报复的行动？结果会怎样？

其实，宽容就是一种爱。爱你的朋友，爱你的对手，更爱这个世界。只有这样，我们的路才能越走越宽，我们的朋友才能越来越多，我们的烦恼才会越来越少。我们用宽容付出的爱，总有一天会得到丰厚的回报。

生活中，你是否为别人对你的伤害至今还耿耿于怀？你是否也对别人造成过伤害？现在就行动起来，站在对方的角度考虑一下，豁达地去原谅或真诚地去道歉吧！

除了尊重别人的人格和原谅别人的过错，我们还应该在哪些方面尊重别人呢？

活动 3. 怎样做到尊重别人

故事：儿子逛商场

一位母亲带着他五岁的儿子到超市去购买圣诞礼物。这一天超市里人山人海，货架上的商品也是五彩缤纷，让人眼花缭乱。她兴奋地左顾右盼，不断地盘算着、挑选着。这时候唯一让她扫兴的是缠在她腿上的儿子，不停地嘟囔着要回家，儿子拉着母亲的衣服往商场外面走。妈妈生气地说："你这个小傻瓜，这么好玩的东西你都不看，你还要看什么呢？以后再也不带你出来了。"今天儿子的表现真是让她不能容忍。就在这时，她一眼看见儿子的鞋带开了，于是她俯下身去为他系鞋带。就在这俯下身的一刹那，她明白儿子为什么要吵着回家了。因为儿子看见的是森林一般的人腿，何来五彩缤纷、琳琅满目呀！于是她把儿子抱在怀里，儿子"长高"了，顿时破涕为笑。

要想尊重别人，首先要理解别人，只有将心比心，站在对方的角度和高度去思考问题，理解他人的心理需求，才能真正理解对方。

在生活中，你是否会站在别人的角度思考问题，真正理解对方呢？试着填写下面的空白。

假如我是一棵小草，我会希望________________

假如我是一位老师，我会希望________________

假如我是失学儿童，我会希望________________

假如我为人父母，我会希望________________

假如我是地球，我会希望________________

通过今天的活动，你有哪些感悟和收获，跟大家分享一下吧！

（三）课后拓展练习

1. 写一篇日记，记下相互理解、尊重或被误解、忽视的经历与感受。

2. 回到家中与父母谈论理解与尊重这个话题。

（四）阅读

17 世纪的英国诗人约翰·堂恩曾写过一首诗《钟为谁鸣》

谁也不能像一座孤岛／在大海里独踞／每个人都似一块小小的泥土／连

接成整个陆地／如果有一块泥土被海水冲去／欧洲就会缺其一隅／这如同一座山峡／也如同你的朋友和你自己

这首诗告诉人们，世界上谁也不可能离群索居，都要与人和谐相处。在与人相处中，就应真诚地关心别人、尊重别人。

尊重之于矛盾，犹阳光之于冰雪，尊重可以化解矛盾；
尊重之于心灵，犹桥梁之于两岸，尊重可以沟通心灵；
尊重之于人心，犹火炭之于双手，尊重可以温暖人心。

第四课　开启快乐的密码

一、主题设计

每个人在生活中都会碰到不如意的事，如果能以积极的心态去面对，主动改变想法，就可以激发我们的潜能，使我们获得属于自己的成功，有利于实现自我价值，得到幸福和快乐。

二、教学目标

1. 让学生懂得生活中不如意的事是客观存在的，我们很难改变，但我们的心境却是可以由自己决定的。

2. 运用 A—B—C 理论，让学生学会换个角度看问题，重新调整对事件的认知，以积极的心态来面对。

三、教学方法

讲述与讨论、游戏与活动、角色扮演。

四、教学准备

Flash《最近比较烦》，心理剧，“无忧箱”。

五、教学过程

（一）导言

校园一度流行一首歌:《最近比较烦》，校园一度流行一句话:“烦着呢！”一首歌唱出了许多学生的心里话。其实，佛家讲有欲望就有烦恼，真要到“无欲无求”，那就成仙了。是人就有烦恼与欢乐。辛弃疾曾说：“少年不识愁滋味，为赋新词强说愁。”可是随着我们一天天长大，快乐与烦恼总是与我们如影随形。到底怎样才能成为一个快乐的精灵，今天就让我们一起来掌握开启快乐的密码——自我情绪调控 A—B—C。

（二）思考与探究

活动 1. 无忧箱

生活不是一帆风顺的，总有这样或那样的烦恼，请同学们谈谈生活中的烦心事。一人写一个最大的烦恼，放入“无忧箱”。

活动 2.A—B—C 理论

1. 心理剧：狐狸与葡萄的故事

分小组现场表演情景剧《狐狸与葡萄的故事》。

在一位农夫的果园里，紫红色的葡萄挂满了枝头，令人垂涎欲滴，当然，这种美味也逃不过安营扎寨在附近的狐狸们，它们早就想享受一下了。

第一只狐狸来到了葡萄架下，它发现葡萄架要远远高出它的身高，它站在下面想了想，不想就此放弃，机会难得啊！想了一会儿，它发现葡萄架旁边有梯子，回想农夫曾经用过它，因此，它也学着农夫的样子爬上去，顺利地摘到了葡萄。

第二只狐狸来到了葡萄架下，心里想：“我自己吃不到葡萄，别的狐狸来了也吃不到葡萄，为什么我们不学习猴子捞月的合作精神呢。它们有猴子捞月，我们有狐狸摘葡萄，说不定也会成为千古佳话呢。”于是他动员所有想吃葡萄的狐狸合作，搭成狐狸梯，这样大家都吃到了甜甜的葡萄。

第三只狐狸来到了葡萄架下，它也发现以它的个头这辈子是无法吃到葡萄了。于是他对自己说：“这个葡萄肯定是酸的，我家里还有西瓜和苹果，干吗非要吃葡萄呢？”说完，嘴里哼唱着“咱们老百姓啊，今儿个真高兴　”蹦蹦跳跳地回家了。

第四只狐狸来到了葡萄架下，它刚刚读过《钢铁是怎样炼成的》，深深地被主人公的精神所打动。它看到高高的葡萄架并没有气馁，它想：我可以向上跳，只要我努力，我就一定能够得到。于是一边跳一边说：“我左跳、右跳、上跳、下跳、360 度回旋跳、惊天地泣鬼神超级无敌暴跳。”可是它怎么跳也够不着葡萄。它下决心：“今天，我吃不到葡萄死不瞑目！”于是，从天亮跳到天黑，累死在葡萄架下。

第五只狐狸来到了葡萄架下，一看到葡萄架比自己高，愿望落空了，便破口大骂：“是谁把葡萄种得这么高，害得老子吃不到！”它的骂声引来了老农，老农说：“你再骂，你再骂，我一锄头锄死你！”狐狸死在了锄头下。

第六只狐狸来到了葡萄架下， 它站在高高的葡萄架下，心情非常不好，它想：“为什么我吃不到呢，我的命运怎么这么悲惨啊，想吃个葡萄的愿望都满足不了，上次森林动物运动会，我又没有拿到冠军，我的运气怎么这么差啊！”于是，他整天望着窗外唉声叹气，越想越郁闷，最后终日郁郁寡欢，得癌症而死。

第七只狐狸来到了葡萄架下，它发现想吃葡萄的愿望不能实现后，不久便产生了胃痛、消化不良的情况。这只狐狸一直不明白一向很注意饮食的它，怎么会在消化系统上出现问题呢。

第八只狐狸来到了葡萄架下，因为吃不到葡萄，受了刺激，得了精神分裂症，整天蓬头垢面，在大街上走来走去，看见谁都觉得是葡萄，（指观众甲）“你是葡萄？”（指观众乙）“嗯，你一定是葡萄！”嘴里还总是念叨着：“吃葡萄不吐葡萄皮，不吃葡萄倒吐葡萄皮……”

讨论：

在《狐狸与葡萄的故事》中，面对同样的葡萄树，不同的想法产生截然不同的情绪体验和行为结果。这是为什么呢？你的感受是什么呢？

2. 心理学家艾里斯的A—B—C合理情绪理论

提问：A代表事情本身，B代表人们对这件事情的看法、态度，C代表你的情绪。大家说影响你情绪的是A还是B？

具体答案是什么呢，先看一个例子。

如果你是一个鞋厂市场部的职员，你到一个岛上去考察市场，你看到岛上居民没有一个人穿鞋子，男女老少一律打赤脚。你会怎么想？

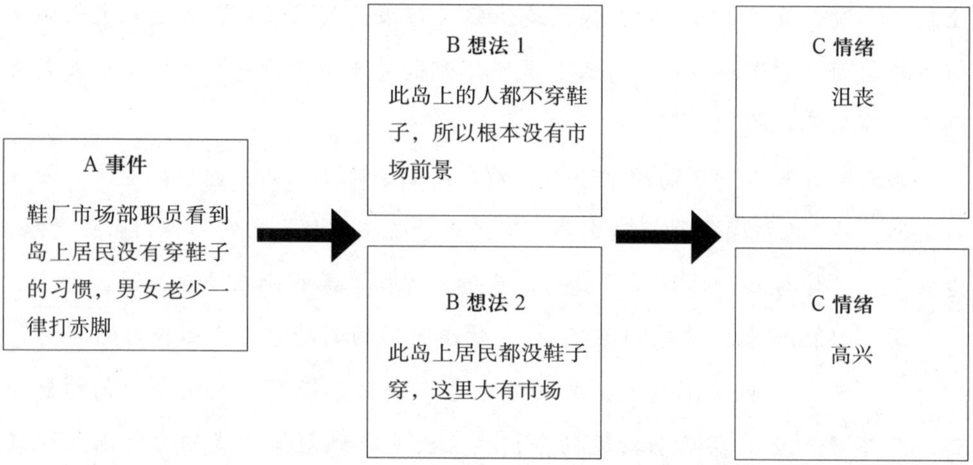

总结出A—B—C理论：决定人情绪的是人对事情的态度，而非事情本身。

活动3.“太好了”游戏

击鼓传花，传到的同学从“无忧箱”中抽取卡片用“太好了……”化解烦恼。

如：我这次没考好——太好了，幸亏不是高考，我还有机会。

（三）课后拓展练习

每天写日记记录下在一天当中，令你高兴的事情有哪些，让“寻找快乐”成为你的习惯。

（四）阅读

快乐的学问

你改变不了环境，但你可以改变自己；

你改变不了事实，但你可以改变态度；

你改变不了过去，但你可以改变现在；

你不能控制他人，但你可以掌握自己；

你不能预知明天，但你可以把握今天；

你不能样样顺利，但你可以事事尽心；

你不能左右天气，但你可以改变心情；

你不能选择容貌，但你可以展现笑容。

第五课　富有的生命旅程

一、主题设计

在当今社会，很多人觉得自己很贫穷，有些人则习惯于去关注自己没有的东西。很多视障学生过于关注自己的视力缺陷，而没有发现自己所拥有的东西。本课旨在让学生发现自己所拥有的，并学会珍惜和经营自己的人生财富，让自己的精神越来越富有，从而快乐地生活。

二、教学目标

1. 认知目标：认识到每个人都是百万富翁，青春、智慧、亲人等都是我们的无价之宝。

2. 态度和情感目标：珍惜自己所拥有的，用积极的心态去看待人生。

3. 能力目标：学会发现和挖掘自己的人生财富，学会经营自己的人生财富，让自己的精神越来越富有。

三、重点、难点

学会发现和挖掘自己的人生财富，并学会经营它。

四、教学方法

活动、讨论与体验式教学相结合。

五、授课年级

初中及以上学部。

六、课前准备

故事录音、制作存折。

七、教学过程

（一）导言

你们认为自己是穷人还是富人？为什么？

其实我们每个人都是百万富翁，今天这节课我们就来发现自己的财富藏在哪。

（二）思考与探究

活动 1. 故事《我只看我所有的》

有一个叫黄美廉的女子，从小就患上了脑性麻痹。这种病的症状十分惊人，因为肢体失去平衡感，手脚会时常乱动，口里也会经常念叨着含糊不清的词语，模样十分怪异。医生根据她的情况，判定她活不过 6 岁。

在常人看来，她已失去了语言表达能力与正常生活的能力，更别谈什么前途与幸福了。但她却坚强地活了下来，而且靠着顽强的意志与毅力，考上了美国著名的加州大学，并获得了艺术博士学位。她依靠手中的画笔，还有很好的听力，抒发着自己的情感。

在一次讲演会上，一位学生贸然地提问："黄博士，你从小就长成这个样子，请问你是怎么看你自己的？你有过怨恨吗？"在场的人都暗暗责怪这个学生的不敬，但黄美廉没有半点不高兴，她十分坦然地在黑板上写下了这么几行字：

我好可爱

我的腿很长很美

爸爸妈妈那么爱我

我会画画，我会写稿

我有一只可爱的猫

……

教室里立刻一片寂静，鸦雀无声，再没有人讲话。她坚定地看着大家，最后在黑板上写下了她的结论——我只看我所有的，不看我所没有的。

掌声马上响起。黄美廉倾斜着身子站在讲台上，满足地微笑着，她的脸上呈现出一种永远不被命运击败的自信。

讨论：听完这个故事你有什么感触？黄美廉的哪点做法让你感触颇深？如果你是黄美廉，你会怎么看待自己呢？

总结：其实，在这个世界上，每个人都有着不同的缺陷和不如意的事情，并非只有你是不幸的，关键在于如何看待和对待不幸。无须抱怨命运的不公，不要只看自己没有的，而要多看看自己所拥有的。如此你就会感觉到：其实自己很富有。

活动 2. 盘点自己的生命财富

写下"我所拥有的"。

每个人写下自己的生命财富，比如：亲人、朋友、身体器官（健康、容貌）、性格及优秀品质（如诚实、爱心等）、特长与爱好、自己养的小动物、学业知识等。全班交流自己的生命财富。

活动 3. 为自己的人生财富估值

1. 活动规则及过程

（1）老师从同学手中购买人生财富。

假如：我用 20 万元买走你的青春，让你从此变成一个小老头（老太婆），你愿意吗？

假如: 我再出 20 万, 买走你的面貌, 让你从此变成一个丑八怪, 你愿意吗?

假如：我再出 20 万，买走你的智慧，让你从此浑浑噩噩，度此一生，你可愿意？

假如：我再出 20 万，买走你的健康，让你从此卧床不起，你愿意吗？

假如：我再出 20 万，让你去杀人放火，让你失去良知，你愿意吗？

好了，刚才我已经开价 100 万了，仍然买不走你身上的任何东西，你说你不是百万富翁又是什么？

（2）卖了某样东西的同学在自己的现金栏里写上钱数，没卖的同学在自己的存折栏里写上钱数。

（3）多少钱都不卖的定为无价之宝。

数数自己有多少项是出多少钱都不卖的无价之宝？

2. 盘点自己的财富

现金栏	存折
______________	______________
______________	______________
______________	______________
______________	______________

3. 学生分享感悟

（1）现在你们觉得自己是穷人还是富人？

（2）你有几项是出多少钱都不卖的无价之宝？

（3）什么都没卖的同学为什么没卖？

（4）你卖了几样？有几样没卖？你为什么要留着这些不卖？

活动 4. 经营自己的人生财富

看看自己的人生财富还有多少？它们分别是什么？你打算在以后的生活中怎样对待它们？怎样经营它们呢？小组讨论后全班分享。

亲人：我还有爸爸妈妈，我打算好好跟他们相处，经常给他们打电话，有事多沟通，不再跟他们对着干了，因为他们是我生命中的无价之宝，失去后就不再复得。

朋友____

身体器官____________________________________

性格及优秀品质______________________________

特长与爱好__________________________________

自己养的小动物______________________________

学业知识____________________________________

其他____

（三）课后拓展练习

在生活中认真经营自己的人生财富。

(四) 阅读

没有双脚的人

有个人争强好胜，总是和别人比吃比穿，胜过别人就会高兴几天，如果不如别人，他就会神情沮丧，闷闷不乐好久。好在他生意一直不错，生活还算过得去。

有一年，这个人因生意失败，不但花光了自己所有的积蓄，还欠了一屁股债。他看看周围，别人好像一个个都很快乐、幸福，只有自己是那么不幸！他像只斗败的公鸡，一下子失去了生活的勇气和信心，终日陷入心烦意乱和无尽的忧虑中，直到一次偶遇改变了一切。

这一天，这位失意的人在街上走着，忽然看到迎面过来一个没有双脚的人。只见那个人坐在一块装有四个轮子的小木板上，双手各拿着一块木板在地上支撑滑动着前进。过了街，他把自己抬高了几英寸以越过马路到达人行道。当他费力抬高身下的木板时，他看见了这个失意的人，并向这位失意的人粲然一笑："早上好，先生！今天天气不错。"他的声音里充满了活力。

这个充满失意的人看着他，一时间，不禁惭愧起来：和这位残疾人相比，自己应该是多么富有，至少还有两条腿可以走路！回到家，他郑重地在自己的书房里挂上一幅字：我正在为自己没有鞋而难过，直到我遇见一个没有双脚的人。

当我们一无所有的时候，让我们也能够说："我很幸福，因为我们还有健康的身体。"当不再享有健康的时候，那些最勇敢的人依然可以微笑着说："我很幸福，因为我还有一颗健康的心。"甚至，当我们连心也不再存在的时候，那些人类最优秀的分子依旧可以对宇宙大声说："我很幸福，因为我曾经生活过。"

第六课　编织自己的人生故事

一、主题设计

在平时的心理辅导和咨询中发现，很多青春期学生的人生处于无动力状态。在青春期以前，这些学生可能会按照父母设计的生活方式来生活，但随着青春期的到来，学生不再完全迷信父母，开始有自己的观点和想法，甚至开始思考自己的人生。如果他们发现父母要求的生活方式和自己想要的生活方式是矛盾的，有些学生无法在父母要求的生活方式和自己的生活方式中做出抉择，从而出现拖拉、拖延、懒等状态来逃避对这两种生活方式的选择；有些同学因为从小的生活没有让他们学会自己做决定，因此现在既不愿意走父母给设计的路线也不会自己设计自己的人生，所以他们也会处于迷茫、逆反或无动力状态。

本节课先进行一个游戏，后应用戴尼提技术让学生在冥想中多次经历这个游戏的过程，自主探索、体验并感悟自己的人生。因为学生在游戏中的模式就是他在生活中模式的缩影，学生在冥想中多次经历游戏的过程，从而能更清楚地认识自己，领悟到自己的想法会影响自己的人生模式，自己的人生模式又会决定自己的命运，并试着主宰自己的人生，为自己的行为负责，为自己的人生负责。

二、教学目标

1. 认识并面对自己现在的身份及角色。

2. 探索自己的人生模式及其形成的心理因素，促进自我认识，领悟到自己的想法会影响自己的人生模式，自己的人生模式会决定自己的命运。

3. 试着把握自己的人生，为自己的行为负责，为自己的人生负责。

三、教学重点

探索自己的人生模式及其形成的心理因素，促进自我认识，领悟到自己的想法会影响自己的人生模式，自己的人生模式会决定自己的命运。

四、课型

团体辅导课。

五、授课方式

游戏、讨论、感悟。

六、活动过程

（一）导言

我们每个人从出生那一刻起就开始了一种身份、角色或者命运。你可能是富二代也可能是穷苦人家的孩子；你可能貌若天仙，也可能相貌平平。这就是我们的初始角色和命运。有的人欢呼，有的人抱怨，也有的人自暴自弃。那么大家想，这种初始的身份角色或者命运会伴随我们一生不变吗？出生之后我们的人生又是怎么变化的呢？是什么决定了人生的变化？现在我们就在游戏中一起寻找答案。

（二）思考与探究

活动 1. 游戏中感悟探索人生

1. 抽签定身份

（1）同学抽签决定自己的初始身份：鸡蛋、小鸡和凤凰。

（2）体验角色：1 分钟。

鸡蛋蹲着，小鸡半蹲，凤凰站着。

2.PK 改变命运

初始命运相同的两个人两两 PK，赢的一方依照鸡蛋—小鸡—凤凰的顺序变化，输的一方依照凤凰——小鸡——鸡蛋的顺序变化，在 PK 的过程中保持与自己命运相一致的姿势进行。

3. 感悟、分享

播放轻音乐，导入放松。

重新经历刚才游戏的过程。

假如刚才游戏中的经过就是你整个的一生，在这个过程中，或许你一直站在原地没有动，或许你经历了身份的各种变化，或许在每次身份的变化之后你又继续进行，也可能你在某次 PK 之后就停止了，也可能当你升为凤凰后就再也不想出去比了。

现在重新经历这整个过程，再来经历一遍。

......

假如刚才游戏的过程就是你整个一生，你有些什么感想呢？

学生分享感悟，教师提升。

活动 2. 现实的人生由你做主。

有些同学可能想再来一次游戏，但即使是游戏中的人生我也不想让大家重新来过，因为人生没有彩排，走过的人生不可能再来一遍，但好在真实的人生还掌握在我们手中，以后的人生路还可以由你做主，闭上眼睛想一想此刻以后你人生的路会怎么走？

学生交流分享。

（三）收获与感悟

学生分享本节课的收获和感悟。

（四）教师提升

这节课大家参与得很积极，也祝贺大家都有不同的感悟。在活动过程中我们也更清楚地认识了自己,知道了人生命运是由自己的想法和人生模式决定的。也希望大家带着这些感悟在以后的生活中能把握自己的人生，编织出适合你的人生故事。

参考文献

[1] 沈家英，陈云英，彭霞光 . 视觉障碍儿童的心理与教育 [M]. 北京：华夏出版社 1992.4.

[2] 朴永馨 . 特殊教育学 [M]. 福建：福建教育出版社 . 1995.6.

[3] 钱志亮 . 视力残疾儿童心理与教育 [M]. 辽宁：辽宁师范大学出版社 .2002.9.

[4] 彭霞光 . 视力残疾儿童的教育理论与实践 [M]. 北京：华夏出版社 .1997.10.

[5] 王仁波 . 中学生心理健康问答 [M]. 山东：青岛海洋大学出版社 .2001.11.

[6] 彭聃龄 . 普通心理学 [M]. 北京：北京师范大学出版社 .2001.5.

[7] 袁东 . 视障儿童个别矫正与康复 [M]. 北京：中国盲文出版社 .2005.

[8] 李季平 . 视障学生心理健康与辅导 [M]. 北京：中国盲文出版社 .2005.7.

[9] 易法建，冯正直，倪泰一，等 . 心理医生 [M]. 四川：重庆出版集团 .2006.5.

[10] 中小学心理健康教育指导纲要（2012 年修订）.

[11] 陈家麟 . 学校心理健康教育——原理与操作 [M]. 北京：教育科学出版社 .2002.1.

[12] 中国特殊教育 .2012 年 11 月 . 总第 149 期 .

[13] 樊富珉编著 . 团体咨询的理论与实践 [M]. 北京：清华大学出版社 .1996.12.

[14] 陈国海 刘勇编著 . 心理倾诉 朋辈心理咨询 [M]. 广州：暨南大学出版社 .2001.1.

[15] 梅静 王玲编著 . 中小学心理健康教育课程设计 [M]. 广州：广东高等教育出版社 .2004.6.

[16] 叶一舵 . 心理健康教育与德育的关系 [J]. 广西：广西社会科学 .2002.2.

[17] 国家中长期教育改革和发展那规划纲要 .

[18] 全国盲校课程设置方案 .

[19] 盲校各学科课程标准 .

[20] 吴志兰 . 中学生职业规划 . 2010.04.

[21] 山东省义务教育必修地方课程教科书 . 2011.7.